인문학으로 바라본 생활 속 4차 산업혁명

뉴스를 전합니다

김동철 저

빅데이터와 인공지능

: 세상을 바꾸는 기술 이야기 :

YoungJin.com Y.
영진닷컴

뉴스를 전합니다
빅데이터와 인공지능

ISBN   978-89-314-6583-9

독자님의 의견을 받습니다.
이 책을 구입한 독자님은 영진닷컴의 가장 중요한 비평가이자 조언가입니다. 저희 책의 장점과 문제점이
무엇인지, 어떤 책이 출판되기를 바라는지, 책을 더욱 알차게 꾸밀 수 있는 아이디어가 있으면 팩스나 이
메일, 또는 우편으로 연락주시기 바랍니다. 의견을 주실 때에는 책 제목 및 독자님의 성함과 연락처(전화
번호나 이메일)를 꼭 남겨 주시기 바랍니다. 독자님의 의견에 대해 바로 답변을 드리고, 또 독자님의 의견
을 다음 책에 충분히 반영하도록 늘 노력하겠습니다.

주　소　(우)08507 서울특별시 금천구 가산디지털1로 128 STX-V 타워 4층 401호
이메일　support@youngjin.com

파본이나 잘못된 도서는 구입하신 곳에서 교환해 드립니다.

STAFF
저자 김동철 | **총괄** 김태경 | **진행** 서민지 | **디자인** 인주영 | **편집** 인주영, 이주은
영업 박준용, 임용수, 김도현 | **마케팅** 이승희, 김근주, 조민영, 채승희, 김민지, 임해나, 김도연, 이다은
제작 황장협 | **인쇄** 예림인쇄

두 번째 대표이사직을 마무리하는 사이에 세 번째 책을 만들기 위한 시간이 보였다. 바이오 IT 회사인 유비케어의 사외이사와 클라우드 전문서비스 업체인 베스핀글로벌의 고문을 수행하면서 부족한 지식을 습득하고자 관련된 책을 가능한 한 많이 접했다. 이 시기에 발발한 코로나 바이러스는 생각보다 오랜 기간 동안 지구를 휩쓸고 있어서 조용히 앉아 독서와 저술을 하기에는 역설적으로 좋은 환경이었다.

직장생활을 한 지도 어언 30년이다. 쉼 없이 달려오기만 하다가 처음으로 맞은 황금과도 같은 휴가인데, 공교롭게도 세상은 항상 새로운 방향으로 흘러가고 있다. 특히 요즘 같은 시대에는 불확실성에 대한 적응력이 극도로 요구된다. 첫 번째 책을 탈고할 때 다시는 책을 쓰지 않겠다고 푸념하고, 두 번째 책을 출간할 때 그것이 마지막이라고 생각했다. 그러나 세 번째 책을 집필하는 시점에서 돌아보니 성급한 판단이었다고 반성하게 된다. 대학 은사님께서 말씀하셨듯 비워내면 다시 차게 된다. 그리고 또다시 비우는 작업은 글을 쓰는 것으로 완성된다.

첫 번째 저술인 『빅데이터 삐딱하게 보기』에서는 데이터를 바라보는 정통적인 관점을 제시했다. 그 당시의 트렌드이기도 했고, 개인적으로는 데이터를 통계적으로 분석해 주는 회사에 근무하던 시절이라 현장에서 체감하던 문제를 짚고 넘어가고자 했다. 대책 없이 늘어나는 데이터가 그때 그때 편의에 따라 무분별하게 사용되는 작태를 데이터 사이언티스트의 시각에서 다소 날카롭게 지적했던 책이다. 덧붙이자면 지금은 그때의 빅데이터를 넘어서서 '데이터 레이크'라는 개념이 회자되고 있으며, 인공지능의 입력 데이터로서 빅데이터가 재정의되고 있는 실정이다.

두 번째 책인 『삐딱하게 바라본 4차 산업혁명』에서는 클라우드, 빅데이터, 인공지능과 같은 4차 산업혁명 기술이 이 시대에 어떤 변화를 일으키고 있는 지를 IT적인 관점에서 다루었다. 신문에 기고한 글을 엮어 최대한 일반인들의 피부에 와닿을 수 있도록 실생활과 밀접한 변화들을 소개하였으나, 가까운 지인들의 말을 들어 보니 생각보다 기술적인 견해가 많이 들어 있어 읽기 어려웠다는 의견도 있었다.

글을 쓰는 방법에 있어서 평소에 남의 글을 읽지 않는 사람은 절대로 글을 쓸수 없다는 나만의 지론이 있다. 그래서 그런지 책이 쌓여 있는 곳에는 항상 발길이 머문다. 사업차 다른 회사에 방문할 때마다 꼭 들르는 곳이 있는데, 직원들을 위한 독서실이다. 대개 두세 권 정도 나에게 맞는 책을 발견하곤 한다. 큰 기쁨이 아닐 수 없다. 방문 목적 외에 추가적인 소득이 더 생기는 것이니 말이다.

요즘에는 회사생활에 따르는 스트레스가 없고, 읽을 책은 많고, 시간적으로도 여유가 생겼기 때문에 이번에는 일반인도 이해하기 쉽게 상세하게 썼다. IT적인 시각을 사회적인 시각으로 바꿔 설명하고 생각의 흐름을 공유할 수 있도록 책을 예로 들어 근거를 제시했는데, 많은 사람이 공감할 수 있으면서 현실과도 긴밀히 연결된 부분을 주로 인용했다. 『넛지』, 『룬샷』, 『디커플링』 등널리 알려진 책 속 내용에서 실마리를 찾아 최근의 사회 현상을 설명하다 보니 다루는 내용이 기술을 넘어 경제, 심리, 교육, 팬데믹 등까지 확장되었다. 참고로 이렇게 다양한 영역에서 길을 잃지 않고 독자에게 전달할 인사이트를 다듬기 위해 매일 밤 10km를 걸으며 생각을 정리한 덕분에 건강관리와 생각 정리라는 두 마리 토끼를 잡을 수 있어 감사했다.

이번 책도 기존 방식과 마찬가지로 신문에 기고한 글을 엮어 만들었다. 디지털투데이, 한국경제, 아시아경제, 아시아투데이 등에 게재되었던 글이며, IT보다는 일반 경제 신문에 더 자주 노출되었다. SNS의 시기를 살아가는 사

람으로서 인터넷상에 달린 댓글 중 몇몇을 선별해 각 마지막 부분에 넣기도 했는데, 독자들이 이 부분에서 친숙함을 느낄 수 있기를 바란다.

책을 집필하면서 신문에 100번째 기고를 마무리했다. 버킷리스트 중 하나를 달성한 것이다. 이러한 목표의 성취를 위해서는 큰 포부를 가지고 장기적으로 실행해 나가야 한다. 책을 집필하는 동안 일련의 작업을 수행하면서 여러 독자들과 소통하였고 수많은 강연에서 교육생들과 의견을 나누었다. 누구에게 무엇을 주었다기보다는 그 과정에서 스스로 배운 것이 더 많았으며 느리지만 지속적으로 성장할 수 있었다고 생각한다. 지금까지 주변의 많은 도움을 받으며 살아온 만큼 나 역시 세상에 도움을 주어야 한다는 일념으로 소통하며 글을 썼다.

코로나는 극복이든 종식이든 지나갈 것이고, 책은 세상에 나왔다. 이제는 다시금 독자들의 따가운 질책을 반갑게 받고, 또 다른 긴 여정을 시작해 보려한다.

고종우 아시아투데이 TV국장

저자의 칼럼 소재는 빅데이터라는 첨단 기술이다. 설명하기 어려운 글감이지만 저자는 일반 대중의 관점에서 각종 사회 문제에 대한 해결의 단초를 제시해 흥미를 유발한다. 첨단 기술에 비전문가인 내가 저자의 칼럼을 좋아하는 이유다.

이미 와버린 빅데이터 세상에서 어찌 살아갈지 몰라 방황하는 일반 대중에게 저자의 글은 따라가고 싶은 한 줄기 환한 빛이다. 새로운 방식으로 문제를 해결하고자 하는 저자의 외침에 박수를 보내며 일독을 권한다.

김선주 심리학 박사, 서강대 평생교육원 교수

빅데이터, 인공지능과 관련해서 요즘 핫한 주제들을 일상생활 속 현상들에 접목해 이해하기 쉽게 설명해 주고 있다. 글을 읽는 내내 우리 삶에 빅데이터와 인공지능이 어느새 이처럼 깊숙이 들어와 있음을 새삼 실감했고 아울러 저자의 인문학적 소양에서 나오는 통찰력에 공감했다. 심리학자로서는 확증편향, 역치 등 심리학적 개념을 사회경제적 현상에 확장시켜 적용하는 아이디어도 흥미로웠고, '마이데이터'를 분석해 본다면 개인의 심리학적 특성을 더 잘 보여주는 중요한 지표를 발견할 수 있지 않을까 하는 생각도 해보게 되었다.

긍정심리학적으로 본다면 인간이 갖춰야 할 여러 강점strength과 미덕virtue이 있는데, 저자인 김동철 박사는 아마도 성실성, 개방성, 창의성, 학구열, 지혜 등에서 매우 높은 점수를 받지 않을까 생각해 본다. 그의 성실성은 이 책의 글들이 여러 매체를 통한 꾸준한 기고 활동의 결과물이라는 것을 통해서도 알 수 있다. 이미 100 기고를 넘겼다고 한다. 저자의 글을 읽다 보면, 그가 여러 가지 주제에 열려 있고 수불석권手不釋卷하며 창의적인 분석과 해결책을 찾기 위해 노력하고 있으며, 또한

그 과정에서 지식을 넘어 지혜의 미덕을 갖추었음을 발견하게 될 것이다.

박형연 변호사, 서울지방변호사회 도서관장

서울지방변호사회 도서관장이란 직함을 몇 년째 가지고 있다. 그래서인지 아무래도 법조인 중에서 책을 많이 읽고 많이 접하는 편이다.

편식은 하지 않지만 아이러니하게도 요즘 제일 핫한 IT 분야에 손이 잘 가지 않았다. 그래서 친구 김동철 박사의 신문기고를 더욱 열심히 읽었고, 어느 순간 흥미로운 분야가 되었다. 내 머릿속에 늘어난 IT 지식만큼 기고도 쌓여서 이번에 책이 나온다. 이 분야에 약한 분, 관심 있는 분들에게 일독을 권한다. 현장 경험을 가진 전문가가 쓴 글은 버릴 것이 없다. 이 책이 그런 책이다.

이건전 메타넷티플랫폼 대표이사

알고 있는 것과 아는 것을 글로 써서 대중과 호흡하는 것은 노력의 정도가 남다르다. 많이 들어봤고, 식상한 것 같은 주제에서 새로운 면을 발견하는 노력은 끊임없는 공부의 산물이 아닐 수 없다. 필자가 주제로 잡은 대목은 다소 어려운 내용을 담고 있지만, 그럼에도 필자는 솔깃한 제목과 글감으로 일반 독자들에게까지 다가가고 있다. 짧은 글들의 모음이지만 인사이트에 공감할 수 있는 현대적 감각의 책이라, 바쁜 현대인들이 세상을 바라보는 교양을 함양하기 위해 반드시 읽어야 할 책이다.

이경배 섹타나인 대표이사, 경영학 박사, 기술사

IT 업계에 오랫동안 몸담고 있다 보면 활자보다는 도표와 차트에 익숙해지기 마련이다. 도형과 화살표를 보면서 동질감을 느끼고 새로운 기술을 배우고 나누느라 시간 가는 줄 모른다. 필자는 이러한 틀을 깨는 커리어를 추구한다. 이과 출신이면서 통계학을 전공했고, 대학원을 졸업했으면서 영업을 주로 했고, 파워포인트에 익숙하면서도 일반인들에게 익숙할 만한 기고를 수년간 이어오고 있다.

이 책에서 저자는 빅데이터의 사회적 사용에 대한 가이드를 제시했으며, 인공지능의 한계를 꼬집고 팬데믹의 공격적인 확산을 예측하였다. 마지막 부분에 기고의 댓글도 함께 엮어 독자들에게 또 다른 독자의 존재를 입체적으로 제시한 것은 저자의 몸에 밴 혁신의 참신한 발현이다. 가볍게 읽고 무겁게 느끼는 기고의 꾸러미이다.

이성기 한국기술교육대학교 총장

30년 전만 해도 팬데믹 수준의 전염병이 창궐하면 모든 사회 활동은 극도로 위축되었다. 지금은 IT 기술의 발달로 팬데믹 상황이지만 비대면으로 세상이 돌아가기 시작했다. 사람들은 점차로 적응이 되어 가고 있는 모습이다. 학교들도 비대면 교육이 일상화되었다. 그러나 대부분의 기술은 외국에서 만들어진 것들이라 한편으로는 씁쓸한 상황이다. 저자는 여러 가지가 동시다발적으로 변화하는 시기에 한국이 세계적으로 기술력을 과시하고 표준으로 자리 잡을 수 있는 분야가 있다고 역설하고 있다. 비대면이라는 용어로 공간의 벽이 허물어지고 있는 상황에서 교육받은 새로운 세대는 참신한 시각으로 변화의 물결을 거세게 일으킬 것이다. 신기술이 멀게만 느껴지는 사람들도 쉽게 이해할 수 있도록 다양한 도서의 내용과 결합해 쓴 책이기에 사고의 다양성을 높이고자 하는 사람들에게 일독을 권한다.

이한주 베스핀글로벌 대표이사

4차 산업혁명의 한복판에 클라우드가 있다. 클라우드는 블랙홀처럼 모든 비즈니스를 빨아들이고 있는 중이며 그 속도도 점차로 빨라지고 있다. 소위 미국 발전의 견인차이며 MAGA로 불리는 마이크로소프트, 아마존, 구글, 애플은 모두 클라우드와 밀접한 관계가 있다. 클라우드로의 여정은 선택이 아닌 필수이며, 이제부터 열리는 메타버스 같은 신세계도 클라우드를 기반으로 한다.

이 책에서 클라우드는 사회가 당면한 새로운 문제를 해결하는 신기술로 나타나

지만, 조만간 공기처럼 당연한 생활의 요소로 다가올 것이다. 일반인들이 쉽사리 이해하지 못하는 현시점의 문제들을 기술적인 관점과 때로는 인문학적인 관점에서 쉽게 풀어 쓴 글이므로 가방 속의 한 권으로 권한다.

전상길 한양대 경영학부 교수

김동철 박사의 글을 읽을 때마다 쾌도난마快刀亂麻의 시원함을 느낀다. 복잡하게 얽혀 있는 현실 세계의 문제를 아주 쉽게 이해시키는 탁월한 식견을 가지고 있기 때문이다. 저자는 4차 산업혁명의 총아인 빅데이터 관련 여러 기술적, 현실적 난제를 이 분야의 문외한이 봐도 쉽게 이해될 수 있도록 설명해 내고 있다. 금번에 출간하는 저서는 그간 IBM 임원, 데이터 솔루션과 티맥스소프트 대표이사직을 거치며 쌓아온 저자의 경험을 집대성한 완성본이라 하겠다. 경험에 기반한 현실적 날카로움과 그 안에 녹아 있는 이론적 해박함이 균형 잡힌 그만의 언어로 적절히 용해되어 있다. 책을 읽는 내내 데이터 대항해 시대를 헤쳐 나갈 지혜를 얻는 기회가 독자 여러분에게 함께 하길 기대하며 그 다음 작품도 벌써 기대된다.

정상원 이스트소프트 대표이사

프로그래머들은 컴퓨터 언어로 아이디어를 구현하는 일을 한다. 세상을 바꾸는 하나하나의 요소를 기술로 개발하는 것도 중요하지만 그것들이 합쳐지지 못한다면 힘을 발휘하기 힘들다. 그런 의미에서 요즘은 사람들이 함께 모여 기술을 영위하는 플랫폼을 만드는 것이 트렌드로 자리 잡고 있다. 의료 플랫폼에서는 환자와 의료인 간에 일어나는 모든 일을 처리할 수 있다. 금융 플랫폼에서는 모든 금융 업무를 볼 수 있다. 기술에서 시작해서 프로그램으로 끝나는 것이 아니라, 상상에서 시작해서 세상을 바꾸는 인문학적인 문제에 접근하는 저자의 방식은 리더들이 의문을 제시하고 해답을 찾아가는 여정과 같다. 신기술과 씨름하는 각계의 리더들에게 이 책이 해결의 실마리를 제공할 것이다.

진석두 현대백화점 상무/CIO

김동철 박사의 세 번째 책은 기존의 삐딱한 두 권과는 궤를 달리한다. 빅데이터와 4차 산업혁명의 기술적인 부분은 일반인이 읽기에는 다소 부담스런 부분이다. 전작과 달리 이번 책에서는 기술을 인문학적인 접근으로 풀어서 뉴스 보듯이 독자의 상상을 자극하는 방식으로 전개되었다. 풍부한 독서를 동반한 활발한 기고 활동으로 세상과 소통하고자 하는 의지가 다음 세대에 본보기가 된다고 생각한다. 디지털이 화두가 되어버린 지금, 뒤처진다고 느끼는 사람들이 많을 것이다. 걱정하지 말고 이 책을 접해보기를 바란다. 기술적인 문턱을 확 낮춘 응용 가이드이다.

채기봉 강원대학교 의대 교수

저자의 칼럼은 기술에 근간을 두고 있지만 사회 문제를 해결하는 연결고리를 다분히 제시하고 있다. 넘쳐나는 뉴스 속에서 맞고 틀리다는 이분법적인 기준으로는 극도로 다양해진 의견들을 담아낼 수 없다. 폭넓은 데이터를 구하고 데이터가 이야기하는 바를 제대로 해석해 낼 수 있다면, 단편적인 조각 지식이 전부인 것처럼 잘못 해석되는 오류를 줄일 수 있다. 세상을 데이터로 보기는 쉽다. 그러나 데이터를 통해 세상을 가늠하기는 어렵다. 인공지능이 오랫동안 빛을 보지 못한 이유이다. 인공지능과 빅데이터가 활성화된 세상에서 새로운 방식으로 문제를 해결하고자 하는 저자의 외침은 그와 같은 고민을 하고 있는 사람들에게 하나의 분명한 방향을 제시하리라 생각한다.

최용석 부산대학교 통계학과 교수

2020년 6월 3일 수요일 아침에 카톡으로 〈팬데믹에 대한 공격적인 예상과 예측〉이라는 제목의 칼럼이 하나 날아왔다. 평소 삶에 진지하고 성실한 후배 김동철 박사로부터 온 글이었는데, 세상이 발전하든 변하든 지나고 보면 균형을 잡게 되어 있으며 그러는 사이에 수많은 예상과 예측을 경험하게 된다는 것이 글의 골자였다.

우린 서로 이런 대화를 시작했다.

> 최⋯ "정확한 예측이 중요하지요. 이것도 선한 사람이 핵심이지 않을까?"
>
> 김⋯ "기본이 그렇죠. 용석형 건강하시죠? 저는 지난 3월 말부로 회사 나와서 기고하믄서 살
>   고 있습니데이~(부산 사투리 흉내)"
>
> 최⋯ "아침에 생각하게 하는 글 잘 읽었네."

이것을 시작으로 그의 글의 애독자가 되었고 서로의 소식과 생각을 공유하며 오랫동안 짧고 다양한 담론을 즐겼다. 그의 칼럼은 늘 나에게 생각을 일깨워주는 신선한 것으로 다가왔다. 2020년 9월 14일 월요일 〈역치^{Threshold}의 해석과 응용〉은 '개인 역시 자신의 건강과 행복 증진과 관련된 요인별 역치를 알아야 한다. 그래야 어떤 조치를 어느 정도 더 해야 하는지를 결정할 수가 있기 때문이다. 결국 역치에 관련된 내용은 미래의 전략을 세우고 필요한 비용을 산출하는 것과 직결되어 있다.' 라는 내용을 담고 있었다. 이 글에 대해 이런 대화를 나누었다.

> 최⋯ "역치를 넘어서기 위해 추가적인 에너지를 쏟기보다는 이를 지키는 게 분수를 아는 게
>   아닐까? 맘도 평온해지고, 발전이 없을 수 있나. 난 요즘 돌아보니 너무 역치를 넘어서
>   려고 했던 것 때문에 내 몸과 맘에 무리가 따랐다고 생각한다. 비워 나가니 역치 수치가
>   더 안정적이네."
>
> 김⋯ "아무나 비우는 거 아니죠. 비운 거 이상으로 여유와 내공이 들어찹니다."

2021년 5월 12일 수요일 〈신약 개발의 고통스러운 여정〉에서도 의견을 나눴다.

> 김⋯ "신약 개발은 항상 시급한 과제지만 빛을 보기까지 엄청난 시간과 노력이 필요합니다.
>   국내외 제약 업계에 경의를 표합니다."
>
> 최⋯ "새삼 기초 의학과 과학의 육성과 투자가 절실하고 창의적이고 끈기 있게 매달리는 연
>   구자를 위한 지원과 격려가 무한 필요한 우리나라 연구 풍토를 안타깝게 생각한다."

평소 그의 고견을 대가 없이 공짜로 읽었던 독자로서 이번에 그가 기고문을 모아 책으로 엮는다는 소식을 진심으로 축하하며 추천사 요청에 흔쾌히 응했다. 앞으로도 그의 생각들이 좋은 칼럼으로 꾸려져 세상에 늘 읽히기를 기원한다.

한문수 경제학 교수, Lasell University, Boston

세상에는 수많은 책이 출간되고 있으며 독자는 책을 통해 미지의 문을 열듯 새로운 세계와 접한다. 저자의 세계와 독자의 세계는 보통 '빨대'처럼 아주 작은 구멍을 통해 연결된다고 생각한다. 한국과 미국에서의 오랜 강의 경험을 통해 늘 고민하는 것이 '어떻게 하면 내가 알고 있는 지식을 학생들에게 잘 전달할 것인가'이다. 이 책의 저자인 김동철 박사는 이 분야의 탁월한 전문가로서 이번 저서를 통해 큰 강물도 통과할 수 있는 커다란 '수로'와 같은 통로로 독자들과 소통하고 있다. 인생의 책 중에 하나로 꼽힐 정도로 자유로우며 아름다운 표현, 그리고 이해가 쏙쏙 되는 쉬운 설명과 예를 통해 AI와 빅데이터에 대한 이해를 높여주고 우리 삶 속에 그것들이 어떻게 들어와 있는지를 잘 설명한다. 또한 독자들에게 생산적인 질문을 던져줌으로써 각 개인의 삶에 응용하며 미래를 준비할 수 있게 해주는 책이다. 우리 일상의 매 순간마다 폭우처럼 쏟아지는 정보의 홍수 속에서 길을 잃지 않게 도와줄 내비게이션이 필요한 분들께 필독서로 권한다.

허용준 GC 녹십자홀딩스 대표이사

바이오 산업은 언제나 첨단의 기술과 결과를 동반한다. 그리고 이 업계의 종사자들은 보이지 않는 각종 질병의 원인과 싸우면서 언제 끝날지 모르는 시간과의 전쟁을 이어오고 있다. 코로나 사태에서 경험했듯이 팬데믹을 극복하기 위한 새로운 기술적인 접근과 빠른 해결책이 요구되고 있다.

인공지능과 클라우드를 이용하는 IT 신기술과 새로운 프로세스는 환자와 고객이 참여하는 플랫폼의 대두이며, 미래의 헬스케어로 가는 핵심 요소이다. 현실적인 문제들만 극복한다면 바이오와 IT의 결합은 폭발적인 데이터의 광범위한 활용으로 새로운 차원의 생활환경을 만들어낼 것이다. 분야를 막론하고 기술 발달의 응용에 대한 힌트를 얻고자 하는 사람들에게 이 책을 적극 추천한다.

목차

기술 속으로

2부 세상 속으로

PART

1

기술 속으로

기술과 학문의 발달은 연구자들의 전유물이며, 새로운 기술은 또 하나의 기술적인 관계를 파생시킨다. 이와 같은 기술에 대한 이해가 대중 속으로 퍼질 때 기술은 비로소 실질적인 표준으로 자리 잡게 된다.

01

AI로 무장한 봇들이 온다

1990년 첫 직장인 IBM에 입사해 처음으로 부딪힌 난관은 엄청난 양의 줄임말과 전문 용어였다. 그런 것들에 익숙해지면 과장이 된다는 이야기가 있을 정도였으니 얼마나 방대한 양이었을지 짐작이 가리라 생각한다. 그러나 얼마 지나지 않아 이 문제는 순식간에 해결됐다. IBM이 로터스사를 인수한 후 사내 채팅 프로그램에 봇 시스템을 연동해 사전을 만든 것이다. 한국에서는 이제야 봇 시스템 트렌드가 일고 있으니, 30년 전의 IBM이 얼마나 앞서 있었던 것인지 실감이 난다. 봇은 간단히 말해 소프트웨어 로봇이라고 보면 된다. 로봇은 팔다리가 있는 기능의 객체이지만 봇은 그냥 대화가 가능한 지식 창고라 해도 되겠다.

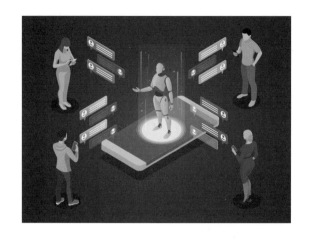

　바야흐로 인공지능 시대의 막이 열렸다. 기업들이 너도나도 뒤질 세라 인공지능을 어떻게 다룰지를 가지고 씨름하고 있는 와중에 스스로 학습하는 기능을 내장한 챗봇이 등장했다. 기업의 콜센터로 전화하면 일단 고객을 챗봇과 대화하게 한다. 경험해 본 사람은 알겠지만 챗봇이 지원하지 않는 분야가 상당히 많아서 챗봇의 학습능력이 아무리 뛰어나다고 해도 한계가 있기 마련이다. 이러한 챗봇은 대개 콜센터 인력을 대체하는 목적으로 시도되었는데, 실상은 역으로 챗봇을 관리하고 교육시키는 새로운 인력이 요구됐다는 점을 감안하면 성공적인 도입이라 보기에 아직은 이른 감이 있다. 그러나 최근 콜센터를 통한 코로나 집단 감염 사례가 발생하면서 챗봇 고도화에 대한 필요성이 더욱 높아지고 있어 앞으로 고도화된 챗봇 서비스가 점차 확대될 것으로 보인다.

　챗봇의 등장은 다른 종류의 봇 시스템을 예고한다. 특정 기업의 조직도를 모조리 봇으로 바꾸는 상황을 생각해 보면 답이 나온다. 인사부를 대신하는 인사봇, 재무팀을 대신하는 재무봇, 마케팅을 대신하는 마케팅봇, 관리자 업무를 대신해 주는 관리자봇 등 안 되는 것이 없다. 봇은 사람이 아니므로 쉬지도 않고, 지치지도 않으며, 기존에 사람이 반복적으로 수행하던 일을 더욱 효과적으로 해낸다. 이런 식으로 조직을 바꾸어 나가는 것을 디지털 전환Digital Transformation이라고 하며, 이는 CDOChief Digital Officer의 임무이다. CDO가 이상적으로 목표를 달성하면 회사는 상당한 인건비를 줄일 수 있게 된다.

IT 부서에도 다양한 봇의 출현이 예고되고 있다. 가령 3-Tier 아키텍처[1]를 그대로 봇으로 전환할 수 있다. 화면을 자동으로 생성해 주는 UI봇, 프로그램 소스코드를 자동으로 생성해 주는 코딩봇, SQL을 자동으로 생성해 주는 DB봇 등이 만들어진다면 과도한 인력을 줄이는 데 상당한 효과가 있으리라 생각한다. IT 부서의 개발 생산성은 인공지능의 도입으로 큰 도약을 이룰 수 있다. IT의 중요도가 크긴 하지만 IT 부서의 인원이 전체 직원 수의 절반이 넘는 기업에서는 이러한 인공지능을 활용한 봇의 효과가 클 수 있다.

기업이 아닌 개인을 대상으로 하는 봇으로 무엇이 있을까? O2OOnline to Offline가 심화되는 미래의 세상에서는 개인도 그들의 일을 대신할 아바타가 필요해질 것이다. 일 년 동안 세금 관련 자료를 모아 국세청에 연말 정산하는 작업을 굳이 사람이 할 필요가 있을까? 여러 경로에 흩어

••••••

1   사용자 인터페이스, 프로그램 로직, 데이터베이스를 분리해 사용자 인터페이스와 프로그램 로직의 재활용성을 높인 3층 구조.

져 있는 한 달간의 일정을 달력에 정리하는 일도 아바타가 매일 밤마다 해 놓으면 그만이다. 이러한 각종 봇과 아바타는 어디에 기거할까? 그들은 거대한 데이터 센터나 클라우드 속에 존재하며 인터넷이나 무선 통신의 세계에서 하루를 '깨어 있는 24시간'으로 만들 것이다.

손목 위의 스마트폰인 스마트워치 뒷면에는 상당한 양의 생체 데이터 감지 센서가 붙어 있다. 스마트워치의 센서로 수집된 개인의 하루 자료는 지정된 병원의 헬스케어 봇과 연결되고, 봇은 개인의 질병이나 건강검진 이력을 기반으로 이상징후를 발견한다. 현재 기술로는 그러한 개인의 상태를 욕실 거울에 보여줄 수 있는 것은 물론이고, 여기에 연결된 인공지능은 그것을 음성으로 설명해 주면서 전문적인 조언도 함께 덧붙인다.

일정 기간 동안 모아진 생체 데이터 분석은 종합 검진 내용을 조금이나마 대체할 수 있을 것이고, 결과적으로 개인이나 병원의 부담을 줄여줄 수 있을 것이다. 최근 데이터3법의 통과로 마이데이터[2]가 확산되고 있다. 개인의 건강 정보를 모아 실시간 국민 건강 데이터로 이용할 수 있다면 어느 지역 시민들의 체온이 타 지역의 경우와 어떻게 다른지 쉽게 알아챌 수 있고, 더 나아가 빅데이터 분석을 해본다면 그 속에 숨어 있는 원인을 찾아낼 수 있을 것이다.

이러한 봇들의 세상에서 사람의 일자리가 없어질 것을 걱정하는 사

• • • • •
2   산재된 개인 데이터를 한곳에 모아 개인이 자신의 정보를 적극적으로 열람·관리·통제하며 능동적으로 활용하는 일련의 과정.

람들이 많다. 그러나 일자리는 없어지는 것이 아니라 일의 종류가 변화하는 것이라고 본다. 기계가 출현하고 고도의 자동화로 대량 생산이 이루어졌지만 일자리는 여전히 늘어나고 있다. 봇들의 세상에서는 개인화된 소량 생산과 동시에 극단의 이익을 추구할 수 있는 환경이 만들어질 것이라 본다. 청바지를 사려고 매장에 가면 디자인봇이 고객에게 어울리는 스타일을 추천해 주고 즉석에서 만들어 주는 방식이 가능해질 수도 있다. 유통마진과 브랜드 가치를 제외한다면 청바지 가격은 원래 광부가 입던 시절의 가격으로 돌아갈 수도 있다.

그러니 이제는 봇맹이 되는 것을 피해야 할 것이다. 각종 봇과 대면하고 일을 처리하는 세상은 먼 미래의 모습이 아니다. 봇의 세상은 이미 시작되었으며 세상은 이러한 움직임을 4차 산업혁명이라 부르고 있다. 변화는 피할 수 없다. 규제는 풀리고 투자는 확대되고 일거리는 늘어날 것이다. 세계 시장을 바라본다면 봇 시스템에서 앞서가는 것이 한국에게 얼마나 큰 이득일지 곰곰이 생각해 볼 일이다.

AI로 무장한 봇(Bot)들이 몰려온다

🔒 김동철 공학박사(전 타맥스소프트 대표) | ⏱ 입력 2020.06.09 14:43 | ⏱ 수정 2020.06.10 17:15

필자가 IBM에 입사해 처음으로 부딪힌 난관은 엄청난 양의 줄임말과 전문용어였다. 그런 것들에 익숙해지면 과장이 된다는 이야기가 있을 정도였다. 얼마 지나지 않아 이 문제가 순식간에 해결이 됐다. IBM이 로터스를 인수한 후 사내 채팅 프로그램에 봇 시스템을 연동해 사전을 만든 것이다.

요즘 한국도 봇 시스템에 대한 관심이 높은데, 20년 전 IBM이 얼마나 앞서 있었던 것인지 실감이 난다. 봇은 소프트웨어 로봇으로 대화가 가능한 지식 창고 정도로 보면 된다.

인공지능(AI) 기술과 융합되면서 봇 기술도 빠르게 발전하고 있다. 스스로 학습을 하는 기능을 내장한 챗봇이 이미 등장했다. 기업 콜센터로 전화하면 일단 챗봇과 먼저 대화를 하도록 연결하는 것이 한 사례다. 하지만 학습능력을 갖췄다고 해도 아직 봇이 사람들을 대체할 수준에 이른것은 아니다. 아직은 한계가 있다. 기업들은 콜센터 인력을 대체할 목적으로 챗봇을 투입하고 있지만 챗봇을 관리하고 교육시키는 인력을 추가로 필요해지는 상황에 직면하고 있다. 챗봇 도입이 성공했다고 보기에는 아직 이른감이 있다.

댓글 ∨

최*석
챗봇이 더 활성화되어 가치 없는 정보를 참고해서 찾아다니는 수고를 덜 수 있기를 기대하며…

박*태
최근 개설된 데이터 거래소와 연계하여 대규모 데이터를 활용한 AI봇의 진화가 핫이슈라고 생각합니다.

02

제3의 눈 IoT

우주를 관측하고 있는 허블 망원경은 자외선부터 근적외선까지 넓은 파장의 영역에서 우주를 관찰한다. 사람의 눈으로 볼 수 없는 것도 봐야 하기 때문이다. IoT[3] 세상에서는 뭔가를 보기 위한 노력이 필사적으로 펼쳐진다. 이 새로운 세상에 진입하면서 사람들이 그간 보고 듣고 알아왔던 것들이 지극히 일차원적이었다는 것을 인지하기 시작했다. 등산길에 산삼이 눈앞에 있어도 대개는 알아보질 못한다. 일반인의 눈에는 그냥 풀이다. 그러나 관심만 있다면 누구나 스마트폰을 갖다 대어 즉시 알아차릴 수 있는 인프라가 펼쳐져 있다.

••••••

3   사물인터넷(Internet of Things). 모든 사물이 인터넷 네트워크로 연결되어 상호 소통하는 기술 및 환경.

사람의 눈은 뇌가 가장 피부 쪽으로 나온 부분으로 "보는 것이 아는 것이다."라는 말이 그런 뜻일 수도 있겠다. 우리가 눈으로 인지할 수 있는 것은 제약적이므로 신기술과 함께 진행되고 있는 역량 파괴의 프로세스를 이야기해 보고자 한다.

아주 작은 시간 단위의 움직임이나 정밀한 계측이 필요한 경우에는 센서의 도움을 받아야 한다. 센서는 물리적인 눈이 아니라 전자적인 눈이다. 미세한 이상치는 눈에는 보이지 않지만 문제를 야기한다. 불안정한 전류, 부분 마모로 인한 진동, 부분적 수압 상승, 무선 통신의 사소한 품질 저하 등 보이지 않지만 알고 싶은 것들이 무수하다. 너무 작아도 보이지 않지만, 반대로 크기가 너무 커도 맨눈으로 한번에 볼 수가 없다. 여기서 우리가 기술을 이용해 한발짝 더 나아가 아주 큰 것과 작은 것을 동시에 식별할 수 있다면 멋진 일을 해낼 수 있다. 예를 들어 강력한 인공지능 렌즈를 장착한 드론이 산 위를 비행하면서 식물지도를 그려내면 줄어드는 소나무의 개체 수를 순식간에 알 수 있게 된다.

스마트 팜에 대한 요구나 시도들이 여러 곳에서 시험되고 있으며, 요즘처럼 유행병이 많은 시기에는 사람의 접촉 없이 무균상태에서 이루어지는 가축 사육이 절실해지고 있다. 간단한 경작에 대한 부분을 자동화하고 원격으로 관리하는 스마트 팜은 이제 시작 단계이다. 필요한 설비나 각종 센서는 어느 정도 설치되어 있는데 뭘 더 어찌할 수 있을까? 앞서 언급한 드론의 눈이 작동한다면 농장에서 날아다니는 벌이 몇 마리인지도 실시간으로 알 수 있을 것이다. 드론이 찍은 사진을 분석 할 때 색상만으로도 농작물이 정상적으로 자라고 있는지 초기에 알아낼 수 있다. 이러한 드론 도입으로 올해는 열매가 적게 달렸다느니, 병충해를 입었다느니 하는 결과론적인 실패를 미연에 방지할 수 있게 되는 것이다.

4차 산업혁명에 팬데믹으로 인한 충격이 더해져 사회적으로 변화를 체감하는 정도가 글로벌하기도 하고 역사적이기도 하다. 그중에서 신입사원 면접을 원격으로 진행하는 것은 다양한 의미를 가지고 있다. 대면 면접 방식은 면접관의 성향이나 선호도에 따라 선발 양상이 달라질 수 있으며, 그 결과로 회사가 원하는 인재상과 동떨어진 지원자가 채용될 수도 있다. 그렇다면 화상으로 면접을 하는 경우는 어떨까? 화상 면접은 전문 프로그램이 동시에 작동하며 면접자의 미세한 움직임을 잡아내고 질의응답과는 별도로 진실성, 즉시성, 포용력과 같은 데이터를 수집한다. 한마디로 회사가 지원자에게 요구하는 역량과 자질을 가려내기 위한 제3의 눈이 작동하고 있는 것이다. 최근에는 인공지능이 비대면 면접을 진행하고 인사부 직원은 인공지능 시스템을 관리하는 사례들도 나타나고 있다.

이런 관점에서 미국은 실로 격차를 줄이기 어려운 큰 행보를 보인다. 허블 망원경이 우주를 살펴보고 있고 각종 위성이 지구를 들여다보고 있다. 이 두 가지를 모두 해내고 있는 나라는 미국이 유일할 것이다. 구글은 위성을 이용한 비즈니스 모델을 만들어 성공한 기업이다. 이처럼 경쟁사가 없는 분야의 순이익은 모든 기업인이 갈망하는 수준을 뛰어넘는다. 오늘날에는 누구나 구글 어스로 세계 곳곳을 상당히 자세하게 들여다 볼 수 있고, 얼굴인식 프로그램이 일정 수준 이상으로 발전하였으며, 기본적인 개인 정보는 이미 여기저기 퍼져 있어 개인의 동선 노출은 불가피하다. 그것이 아니더라도 스마트폰을 이용한 위치 추적이나 거래내역을 이용한 동선 파악이 기본이 되어 버린 세상이다.

책에도 눈이 달려 있다고 한다면 전자책을 떠올리면 되겠다. 사람의 눈은 글자를 읽고 전자책의 눈은 사람의 눈과 뇌를 읽는다. 이러한 환경에서 전자책은 사람이 어디까지 읽었는지 알고 있다. 사람이 두 번 이상 읽은 곳은 스스로 밑줄을 치고, 잘 이해하지 못하고 있는 것 같은 부분은 보조 설명이나 관련 페이지를 자동으로 띄워준다. 나중에 논문이나 책으로 인용할 부분을 이야기해 두면 책 속에 스크랩해 놓는다. 물론 다 읽은 후에 다음 책을 추천하는 것도 빼놓지 않을 것이다. 눈 깜박임을 이용해 마우스를 대신하는 기술은 이미 현실에서 쓰이고 있으며, 우리는 상상이 현실로 실현되고 있는 세상에 살고 있다.

모든 사물과 사람이 쌍방향으로 교감하는 것은 IoT의 목표이다. 일차적인 인프라 역할을 수행하는 센서는 다차원적인 제3의 눈과 결합되어 세상이 돌아가는 프로세스를 바꿀 수 있다고 본다. 신기술로 들여다본 세상은 교과서에도 없고, 법에도 없으며, 공장의 매뉴얼에도 들어 있지 않다. 인정하기 어렵겠지만 전쟁이 일어난다면 모든 기술이 총동원될 것이고 미리 준비되어 있지 않다면 어영부영 알아차리는 사이에 승패가 드러날 것이다. 그러니 시간이 걸리더라도 모든 분야에 상상력을 더해서 공간적인 IoT를 제3의 눈으로 확보하는 것이 중요하다. 실패를 통해 더 많은 것을 배운다는 것을 기억하며, 미국을 넘어서겠다는 과감한 목표를 품고 한국이 IoT 경쟁력을 갖춰가길 바란다.

한국경제

[기고] 제3의눈 IoT

입력 2020.06.22. 오후 2:29   수정 2020.06.22. 오후 6:10

😀 7

🔊 ⽊가 ⮕

우주를 관측하고 있는 허블 망원경은 자외선부터 근적외선까지의 넓은 파장의 영역에서 우주를 관찰한다. 사람의 눈으로 볼 수 없는 것도 봐야하기 때문이다. 사물인터넷(IoT)의 세상에 들어오면 뭔가를 보기위한 노력들이 필사적으로 펼쳐 진다. 그간에 사람들이 보고 듣고 알아왔던 것들이 너무 일차원적 이었다는 것을 인지하기 시작했다. 일반인들은 등산길에 산삼이 눈앞에 있어도 알아보질 못한 다. 그냥 풀이다. 지금은 관심 있는 사람이라면 누구나 스마트폰을 대보면 즉시 알아차릴 수 있는 인프라가 펼쳐져 있다.

사람의 눈은 뇌가 가장 피부 쪽으로 나온 부분으로 "보는 것이 아는 것이다"라는 말이 그런 뜻일 수도 있겠다. 인간의 눈은 인지할 수 있는 능력이 제약적이므로 신기술과 함께 진행되고 있는 역량 파괴의 프로세스를 이야기해보고자 한다.

댓글 ∨

방*찬
미국을 넘어서려면 같은 기술로 경쟁해서는 어렵습니다. 먼저 일본부터 넘어 봅시다.

03

AI 시대와
거꾸로 상상력

　이정문 화백의 〈서기 2000년대의 생활의 이모저모〉라는 카툰이 새삼 회자되었다. 지금으로부터 50년도 더 이전에 그린 미래 상상도인데 놀라울 만큼 현재를 잘 묘사하고 있다. 공해가 없는 전기 자동차, 일반인의 우주여행, 컴퓨터, 태양열 주택, 청소로봇, 원격수업, 움직이는 길, 비대면 진료, 스마트폰 등장은 등골이 오싹할 정도로 정확하게 2020년을 묘사하고 있다. 미래의 사람이 타임머신을 타고 1965년으로 거슬러 올라가서 그린 것이라 해도 손색이 없을 정도다. 아마 그 당시에 화백은 그것들을 구현하는 기반 기술에 대해서는 알지 못했을 것이다. 그러한 기술들이 나오기 한참 전이니 말이다. 그러나 결과적으로 사람들의 생활이 어떤 방향으로 변해서 어떤 모습으로 나타날지에 대한

화가적 호기심은 50년을 뛰어넘어 마치 예언처럼 현실을 적중했다.

이정문 화백作 '서기 2000년대의 생활의 이모저모(1965)'
| **사진 제공** 미래창조과학부

그림이 그려진 1965년은 한국전쟁이 끝난 지 불과 12년밖에 되지 않은 시점으로, 전쟁의 상처가 아물지 않은 채 고스란히 남아 있던 시절이었다. 청계천에는 전쟁 난민들이 목재로 집을 짓고 살았으며 지금의 잠실에는 서울 시민들이 피서를 즐기던 백사장이 있었다. 10환이라고 적힌 지폐가 통용되었고 고종이 도입한 전차가 남대문에서 홍릉 사이를 운행했다. 아직 이공계 대학이 확산되기 전이었기에 그때는 '컴퓨터'라

는 이름조차도 생소했는데, 나도 그 당시에 미국이 달 탐사를 하는 중계를 흑백TV로 봤던 어렴풋한 기억이 있다. 1970년대 중반까지도 은행은 전산화되지 않아 통장을 수기로 작성했고 어려운 한자를 모르면 인출조차 할 수 없었다. 게다가 지점 간의 네트워크가 없었던 시절이라 다른 동네의 지점에 가서는 은행 업무가 불가능했다. CD/ATM 같은 자동화 장비와 손 안의 핀테크를 경험한 신세대의 입장에서는 불과 30년 전의 세상이 원시시대처럼 느껴질 것이다. 지금 생각해 보면 불편하기 짝이 없지만 당시에는 저금 운동이 들불처럼 일었던지라 은행 문턱이 닳도록 드나들었다.

언젠가 한 기자가 이정문 화백을 인터뷰한 내용을 보았다. 호기심이 끝없이 샘솟아 뭔가가 떠오를 때마다 바로바로 메모하는 습관을 가진 분이었다. 가장 인상적이었던 부분은 화백이 빅데이터의 중요성을 언급한 부분이었는데, 그가 칠순이 넘은 나이에도 여전히 첨단 산업의 동향을 공부하고 있다는 사실에 놀라지 않을 수 없었다. 빅데이터는 사실 상대적인 것이라, 이정문 화백 입장에서는 그림을 그리는 데 필요한 정보를 메모로 적어 놓으면 바로 그것이 빅데이터인 것이다. 몸소 실천하며 계속해서 배워 나가는 사람에게 새로운 분야의 기술은 단지 이름이 다를 뿐이라는 생각이 든다.

화가의 그림 속에는 원격으로 진료를 하는 부분이 묘사되어 있다. 당시에 생활이 어려웠던 이정문 화백이 의사 선생님 왕진에 드는 비용이 부담되어 그 해결방안으로 제시한 것이라고 한다. 오늘날의 현실에서 보자면 높은 의료 비용은 국가차원의 건강 보험으로 해결되었지만, 의

사 선생님의 왕진은 코로나 바이러스로 인한 비대면 원격 진료로 현실화되었다. 지금은 병원 예약부터 비용 지불, 보험 서류 처리, 처방전 전자화 등 일련의 병원 프로세스가 하나의 스마트폰 앱에서 처리된다. 돌아오긴 했지만 결국 화가의 상상력이 실현되었다는 점에서 놀라운 일이 아닐 수 없다. 해방과 전쟁 이후 국제 사회에서 한국의 위상은 '세계에서 제일 가난한 나라'였다. 구두닦이로 생계를 이어야 했던 어린 화가는 조국이 4차 산업 기술을 선도하는 세상을 꿈꿨고 그려냈다. 그리고 세월이 흐르며 세계에서 가장 가난한 나라에 '한강의 기적'이 일어났다. 노장이 된 그는 이제 스마트폰으로 금융 거래를 한다고 한다. 어찌 보면 본인이 디자인한 세상 아닌가?

지금의 젊은이들은 거꾸로 과거를 상상할 수 있을까? 한번 생각해 볼 문제이다. 우리가 지난 50년간 겪어온 변화는 실로 엄청나며 앞으로 50년간 겪을 변화에 비해서 결코 작지 않다. 어쩌면 지금부터의 변화는 기술의 정체로 한동안 멈춰 있을지도 모른다.

컴퓨터와 스마트폰에 얼굴을 묻고 사는 세대는 대개 큰 그림을 보기를 꺼리며 스마트폰이 없는 세상은 상상하기도 어렵다고 한다. 컴퓨터 게임은 오락을 넘어 삶의 한 부분이 되었고 가상현실과 증강현실 속에 영원히 머무르고 싶어 하는 이들도 많다. 그런 젊은이들이 화가가 되어 50년 전을 그려본다면 어떤 그림이 나올지 궁금하다. 무슨 이유로 기술이 개발되었는지를 아는 좋은 훈련이 될 것이다. 만약 현세대가 실제 역사인 일제 침략이나 한국전쟁을 게임 정도로 생각한다면 특단의 조치가 필요하지 않을까? 역사학자들은 과거를 그리는 데 역사적 자료를 이용하지만 젊은이들은 같은 일을 하는 데 그들만의 신선한 아이디어를 낼 수 있다.

인공지능이 고도화되면 외국어를 배우지 않아도 소통에 문제가 없는 세상이 된다고 하지만 인공지능이 상황적 인지능력까지 도달하기는 어렵다. 쉽게 말해 대화의 맥락을 파악하기는 어렵다는 것이다. 사람이 직접 공부해서 소통할 때는 대화 속에 숨은 의미까지 알 수 있다는 점을 떠올려 보면, 인공지능의 발전이 사람들의 외국어 습득능력은 다소 떨어뜨리더라도 어쩌면 오히려 상황을 파악하려는 상상력을 연마하는 계기가 될지도 모른다. 그러나 이조차도 낮은 수준의 직관에 의지하는 것이므로 데이터를 모으고 사회적 문제를 해결해 내는 작가의 상상력과는 비교하기 어렵다.

작가는 평생 동안 자신의 상상력으로 미래를 그리고 그 속에서 살고 있다. 그리고 빅데이터의 중요성을 말한다. 경험하지 않은 과거의 10년을 그려볼 수 있다면, 마찬가지로 10년 후의 미래도 내다볼 수 있을 것이다. 역사를 거꾸로 엔지니어링한다면 역사학자들이 만들어 내는 과거와는 색다른 해석이 나올 수 있을 것이다. 4차원의 세계로 들어가는 문은 우주의 어딘가에 있는 것이 아니라 새로운 과거를 만들어 내는 데 있을지도 모른다. 한강의 기적을 거치며 우리는 미래 경쟁력의 시작이 보유한 자원보다는 상상력에 기반한 기술력에 있음을 경험했다. 상상력을 지닌 젊은이의 존재는 앞으로의 국가 경쟁력을 좌우하게 될 것이며 이는 제도권의 교육으로 반드시 보완해 나가야 할 문제이다.

Digital Today

AI 시대와 거꾸로 상상력

김동철 공학박사(벡스천글로벌 고문) · 입력 2020.12.07 09:45 · 수정 2021.02.03 13:21

1965년 이정문 화백이 그린 '서기 2000년대의 생활의 이모저모'라는 카툰이 새삼 회자되었다. 지금으로부터 50년도 더 이전에 그린 미래의 상상도인데 놀라울 만큼 현재를 잘 묘사하고 있다. 공해가 없는 전기 자동차, 일반인의 우주여행, 컴퓨터, 태양열 주택, 청소로봇, 원격수업, 움직이는 길, 비대면 진료, 스마트폰 등장은 등골이 오싹할 정도로 2020년을 묘사하고 있다.

미래의 사람이 타임머신을 타고 1965년으로 거슬러 올라가서 그린 것이라 해도 손색이 없다. 화백은 열거된 내용들을 구현하는 기반 기술에 대해서는 알지 못했을 것이다. 그러한 기술들이 나오기 한참 이전이기 때문이다. 그러나 결과적으로 사람들의 생활이 어떤 방향으로 변해서 어떤 모습으로 나타날 것이라는 화가적 호기심이 50년을 뛰어넘는 예언의 적중으로 나타난 것이라 생각한다.

그림이 그려진 당시는 한국전쟁이 끝난 지 12년이 지난 시절이라 아직도 전쟁의 상처가 상당히 많이 남아 있는 시절이었다. 청계천에는 전쟁난민들이 목재로 집을 짓고 살았으며, 지금의 잠실에는 서울시민들이 피서를 즐기던 백사장이 있었다. 서울에는 아직도 10환이라고 쓰여진 지폐가 통용되고 있었고, 고종이 도입한 전차가 남대문에서 흥릉사이를 운행하던 시절이었다.

댓글 ∨

한*도
1965년 이정문 화백님 대단하셨네요. 빅데이터의 중요성은 비단 비즈니스 뿐만 아니라 일상생활에서도 유의미하다고 생각합니다.

송*범
과거를 거꾸로, 현재에서 과거를 되짚어 보며 왜 그렇게 변화했는지 다시 고민하는 통찰을 바탕으로 미래를 그리는 것은 의미가 있다고 생각되고 공감됩니다.

04

오픈소스가 몰고 올 새로운 생태계

| 출처 김동철 저 | 영진닷컴 | 2019

지난 30여 년간 IT 업계에서는 오픈소스 소프트웨어에 대한 찬성과 반대 입장이 공존했다. 나 또한 『삐딱하게 바라본 4차 산업혁명』에서 오픈소스 소프트웨어는 글로벌 업체가 전개하는 고도의 전략이라고 기술한 바 있다. 성능이나 기능에 책임을 지지 않지만 '초기 도입비용이 공짜'라는 강력한 무기로 시장을 현혹하고 저절로 손이 가게 만든다는 이유에서였다. 하지만 이러한 찬반이 무색하게도 오픈소스 소프트웨어의 존재감은 점점

더 커졌다. 플랫폼 비즈니스가 대세를 이루는 현시점에서 오픈소스 소프트웨어 플랫폼은 완성된 것으로 보인다. 긍정적으로 보자면 이제 세계의 어느 누구나 소프트웨어를 개발해 오픈소스로 등록하고 기라성 같은 개발자들과 사용자들에게 검증을 받는다. 동시에 시작부터 세계적인 관심의 대상이 될 수도 있고, 경우에 따라서는 엄청난 기여를 할 수도 있다.

작금의 상황을 간단히 비유하자면 이렇다. 돌로 가득 찬 컵이 하나 있고, 거기에는 더 이상 돌을 넣을 수 없지만 물을 넣으면 틈 사이로 빼곡히 채워진다. 이제 거꾸로 컵은 그대로 둔 채 돌과 물을 빼 보자. 돌은 손으로 쉽게 뺄 수 있지만, 물은 컵을 기울이거나 엎지 않는 한 빼내기 어렵다. 기존 소프트웨어들은 한번 사서 쓰면 어지간해서는 도망갈 수 없다고 하는 소위 '벤더 종속성'[4]에 심취해 있지만 그들은 돌과 같아서 시장에서 쉽게 빠질 수 있다. 즉, 기회만 된다면 이들은 언제든 오픈소스 소프트웨어로 바뀔 수 있는 것이다. IT의 저변을 이루고 있는 시스템 소프트웨어[5]와 미들웨어[6]만 봐도 이미 오픈소스 소프트웨어가 글로벌 마켓을 점령하고 있다.

지난 세기만 해도 IBM, HP, SUN 등의 회사가 앞다투어 UNIX 기

......

4   특정 업체의 서비스나 기술에 종속되는 것.

5   일반적인 응용 소프트웨어를 지원하기 위해 개발된 소프트웨어. 운영체제(OS), 유틸리티 등 컴퓨터 시스템의 가장 기본적인 프로그램.

6   서로 다른 기종의 하드웨어, 프로토콜 등을 연결하여 응용 프로그램과 운영 환경 간 통신을 원활하게 하는 소프트웨어. 주로 데이터 관리, 인증, API 관리 등을 처리한다.

반 기기를 만들어 시장을 지배했다. 각각 AIX, HP-UX, Solaris 등 자기들만의 운영체제를 만들었으며, 이들은 서로 호환되지 않았다. 그러나 범용 데이터베이스 소프트웨어를 만드는 오라클 같은 회사는 자사에서 개발한 소프트웨어가 모든 종류의 운영체제에서 작동되도록 해야 했고, 필연적으로 장비 회사들과의 전략적 협업이 중요했다. DB2 같은 자사 데이터베이스 소프트웨어가 있는 IBM이 오라클에 친절하게 협력하지 않았으리라는 것은 자명하다. 데이터베이스 소프트웨어 업체들도 초기에는 DB2, 오라클, 인포믹스, 사이베이스, MS-SQL 등등이 서로 경쟁하다가 현재는 기존의 오라클 DB와 새로운 오픈소스 DB^{마리아, 몽고,} PostgreSQL 등 간의 양강 구도가 형성되었다.

오픈소스 소프트웨어의 약진에 기여하는 것은 벤더 종속성에 따른 무리한 유지보수 비용일 것이다. 이러한 가운데, 드디어 오라클 데이터베이스를 포함한 모든 오픈소스 소프트웨어를 일정 수준으로 책임지고 유지보수 서비스를 해준다는 업체들이 나오기 시작했다. 이에 오라클의 반발이 심했으리라는 것을 짐작할 수 있다. 오라클은 해당 업체들과 소송까지 치렀지만 법은 기업보다는 고객과 시장의 손을 들어주었다고 한다.

아마존과 구글 같은 기업들은 오픈소스로 클라우드를 만들어 이러한 추세에 가속도를 더하고 있다. 그리고 오래 전부터 IT를 아웃소싱해 오던 대한항공도 모든 인프라를 아마존 클라우드로 이전했다. 대한항공이 시행한 변화는 지금에 와서 다시 봐도 업계의 모범이 되는 사례다. 그들이 그 전까지 사용해오던 IBM 웹 애플리케이션 서버 WebSphere

에 대해 첨언하자면, 대한항공이 IBM 웹 애플리케이션 서버를 오픈소스 솔루션으로 바꾸려는 순간, 아이러니하게도 그 시점에 IBM이 오픈소스 전문업체인 레드햇을 약 40조라는 천문학적인 금액으로 인수하면서 "기승전 IBM"이라는 말이 돌기도 했다.

1991년, 위대한 IT 재능기부자 리누스 토발즈Linus Torvalds가 개인용 리눅스를 오픈소스로 발표했다. 그 당시에 기존 업체들은 리눅스를 거들떠 보지도 않았지만, 지금은 그 리눅스가 없다면 세상이 돌아가지 않을지도 모른다. 물컵 안의 돌멩이처럼 독자적인 운영체제들이 하나 둘씩 사라져도 리눅스는 클라우드 안에서 건재할 것이다. 이제 IT 인프라적인 소프트웨어의 시장은 더 이상 매력이 없고 소프트웨어는 산업의 노하우를 녹여낸 것이라야 경쟁력을 확보할 수 있다. 그러한 소프트웨어는 대개 리눅스 위에서 운영되며 클라우드의 SaaSSoftware as a Service 기반 서비스 형태로 공급된다. 초기 오라클처럼 장비 업체에게 자존심 상하며 굽신거리지 않아도 되는 것이다. 오늘날 한국의 모든 가정에도 리눅스가 깊숙이 침투해 있다. 궁금하다면 TV 옆 셋톱 박스에 어떠한 소프트웨어가 설치되어 있는지 한번 살펴보길 바란다.

물컵을 기울이지 않고 물을 꺼내는 방법은 컵에 물보다 밀도가 큰 물질을 넣는 것이다. 그러면 물은 밀려 올라온다. 현재 소프트웨어는 기술 발달에 따라 필요한 소프트웨어가 등장하면 그것을 기존 시스템과 연계하는 식으로 작동한다. 따라서 소프트웨어의 개수가 많아지면 관리하기 어렵고 장애 확률도 점차 높아진다. 물컵에 들어 있는 돌들처럼 틈이 많을 수밖에 없다. 더구나 해당 제조 업체만이 유지보수를 할 수 있는 소프트웨어라면 제일 먼저 물컵에서 빼내지는 돌멩이 신세가 될 것이다. 미래에는 돌멩이도 물도 아닌, 물보다 밀도가 큰 개념의 소프트웨어가 세대를 교체해 나갈 것으로 보인다.

머지않은 미래에 보게 될 소프트웨어들의 인프라적인 부분은 업체별 종속성이 없을 것이고 클라우드 업체들이 주로 사용하게 될 것이다. 기업이나 개인이 사용하는 소프트웨어는 세련된 사용자 화면을 제공하고 인공지능을 통신 인터페이스로 제공하면서 클라우드 기반 서비스로 자리 잡게 될 것이며, 영역별로 전문성을 더해 경쟁을 돌파하는 전략을 쓸 것이다. 그렇게 되면 또다시 종속성의 문제가 나타나 다시 한번 물컵 속의 돌과 물의 프로세스를 반복하게 될 것이다. 소프트웨어 세상은 열려 있는 전쟁터다. 개발 중인 소프트웨어가 미래지향적인 무기를 장착하지 않는다면 태어나기도 전에 과거의 유물로 전락하게 될 것이다.

Digital Today

오픈소스가 몰고올 새로운 SW 생태계를 주목하는 이유

김동철 공학박사/유비케어 사명이사 입력 2020.09.27 09:49 수정 2020.09.28 18:44

지난 30여년간 IT업계에선 오픈소스 소프트웨어에 대해 찬성과 반대 입장이 공존했다. 필자도 '삐딱하게 바라본 4차 산업혁명'(2019 출간)에서 오픈소스 소프트웨어가 글로벌 업체들의 고도의 전략이라고 언급한 바 있다. 성능이나 기능에 책임을 지지 않으면서 초기 도 입비용이 공짜라는 무기는 시장을 현혹하고 저절로 손이 가게 만든다는 이유에서였다.

하지만 플랫폼 비즈니스가 대세를 이루는 지금, 오픈소스 소프트웨어의 존재감은 점점 더 커지고 있다. 긍정적으로 보자면 세계 어느 누 구나 소프트웨어를 개발해 오픈소스로 등록하고 기라성 같은 개발자들과 사용자들로부터 검증을 받는다. 동시에 시작부터 세계적인 관 심의 대상이 될 수도 있고, 경우에 따라서는 엄청난 기여를 할 수도 있다.

돌이 가득 찬 그릇이 있다고 하자. 더 이상 돌을 넣을 수는 없지만 물을 넣으면 틈 사이로 빼곡히 채워진다. 이제 거꾸로 돌과 물을 빼 보 자. 손으로 한다면 돌들은 쉽게 뺄 수 있지만 물은 따라 버리기 전엔 빼기 어렵다.

기존 소프트웨어들은 한번 사서 쓰면 어지간해서는 도망갈 수 없다고 하는 소위 밴더 종속성이라는 부정적인 이미지가 붙어 있다. 하지 만 이들 소프트웨어는 돌과 같아서 시장에서 쉽게 빠질 수 있다. 기회만 된다면 언제든지 오픈소스 소프트웨어로 바뀔 수 있다. IT의 저 변율 이루고 있는 시스템 소프트웨어와 미들웨어만 놓고 보면 글로벌 시장은 이미 오픈소프트웨어가 점령하고 있다.

댓글 ∨

닥★★미
퍼내지 않고 물을 꺼내는 방법이 쉬운 듯 어렵더라고요! 모래를 추가로 투입하든가. 알콜은 물보다 밀도가 낮은데도 그냥 잘 섞여 버려서ㅋㅋ

이★호
소프트웨어를 물컵 속의 돌과 물로 구분한 비유가 참 적절합니다.

05

인공지능과의 동거

유비쿼터스Ubiquitous라는 단어가 유행하던 시절이 있었다. 언제 어디서나 컴퓨터에 접속할 수 있다는 뜻으로 IT 업체들의 마케팅 용어로 자주 쓰인 단어다. 이제는 확장된 대역폭의 네트워크와 무선 통신의 보편화로 컴퓨터가 있는지조차 인지하지 못한 채 일상생활 속에서 편리하게 유비쿼터스를 누리고 있다. 인공지능의 시대에도 마찬가지로 유비쿼터스가 작동한다. 언제 어디서나 인공지능을 이용할 수 있는 세상이 온 것이다. 인공지능은 지금과 같은 수준으로 성장해 세간에 화두로 오르기까지 오랫동안 수면 아래에서 숨죽이며 실력을 준비해 왔고 앞으로도 다양한 환경에서 살아남기 위해서 끊임없이 진화를 거듭할 것이다. 인공지능을 제대로 맛보면 중독되어 부작용이 생길 수도 있지만 기술의 진보와 함께 공존하는 미래 만들기의 단면을 한번 들여다 보자.

성경에는 신에 도전하는 바벨탑을 건설하는 인간들에게 내리는 신의 저주가 나와 있다. 그중 하나는 인간이 서로 다른 언어를 사용하게 하여 대화가 통하지 않게 하는 것이었는데, 어쩌면 오늘날 인공지능이 이 저주를 푸는 열쇠가 될 수도 있다. 세계의 모든 언어를 자동으로 통역해 주는 서비스가 이미 택시에 장착되어 있다. 실로 엄청난 양의 언어 빅데이터를 통역 서비스화해서 실시간으로 제공해 주는 것이다. 인공지능 서비스를 통해 사용하는 언어가 달라도 소통할 수 있게 되었으니, 언어가 달라 말이 통하지 않는 성경의 사례를 기술로 극복한 것이나 마찬가지다. 이러한 서비스가 점차 고도화되어 오류가 전혀 없는 상태에 이른다면 동시 통역사는 직업을 유지하기 위해 더욱 더 전문적인 영역을 파고들어야 할 것이다.

라디오는 어느 틈에 스마트폰 속의 앱으로 변신했다. 그러나 요즘 사람들은 앱으로 변한 라디오보다는 골라서 듣고 보는 유튜브에 더 빠져 있는 것 같다. 이에 라디오는 다시 인공지능을 장착한 스피커로 변신해 세상으로 파고들었다. 레스토랑의 방마다 인공지능 스피커가 있어서 손님이 원하는 음악을 바로 들려준다. 생물이 진화하는 것처럼 라디오도 진화하고 있다. 어쩌면 과거에 라디오가 인기 절정이었을 때보다 인공지능 스피커의 대수가 더 많아지는 날이 올 수도 있다.

이와 유사한 사례는 카메라에서도 찾아 볼 수 있다. 디지털 카메라의 출현으로 필름 업계가 순식간에 사라졌지만, 그 후에 또다시 새롭게 등장한 스마트폰 카메라가 디지털 카메라를 대체하며 디지털 카메라는 동호인들만의 전유물이 되었다. 그러한 와중에 CCTV 같은 카메라는 사회의 주요 인프라로서 필요성이 대두되면서 스스로 위험을 인지하는 인공지능 방범카메라로 개발되어 사용되고 있다. 카메라는 종류에 관계없이 전체적인 대수로만 따지면 이전과 비교할 수 없을 정도로 많아졌다.

| 출처 폴 도허티, 제임스 윌슨 저 | Harvard Business Review Press | 2019

복잡한 사회 환경 속에서 사람만이 할 수 있는 일과 인공지능만이 할 수 있는 일이 있다. 그리고 그 사이에서 사람과 인공지능이 함께 해야 하는 일이 상당히 많다. 글로벌 컨설팅 업체인 액센츄어의 폴 도허티와 제임스 윌슨은 저서 『HUMAN + MACHINE 휴먼 + 머신』에서 '소외된 중간지대'라는 표현으로 휴먼과 머신이 협업해야 하는 영역에 대해 구체적으로 기술하였다. 머신을 교육시키고 인공지능과 협업해 나가는 단계에서 휴먼이 막강한 능력을 가지게 된다는 것이다. 이와 더불어 인공지능을 이용하는 데 고려해야 할 윤리적인 의무, 사회 법규, 인공지능의 실수나 부작용으로 인한 충격 등에 관한 이슈는 해결해야 할 과제로 기술하였다.

| 출처 4차 산업혁명과 HR의 미래 연구회, 신동엽 외 6명 저 | 삼성경제연구소 | 2018

인공지능이 촉발한 또 다른 뉴스거리는 인간 일자리의 대체이다. 그러나 삼성경제연구소의『4차 산업혁명, 일과 경영을 바꾸다』에서는 하나의 역설을 제시하며 신기술의 적극 도입을 옹호한다. 신기술 도입을 억제하기보다는 적극적으로 도입할 때 부정적인 영향을 반감시킬 수 있다는 것이다. 신기술을 도입할 때 작업은 기계로 대체되더라도 기존 작업자가 신기술을 운영하는 요원으로 변신하는 사례가 의외로 많으며, 신기술을 도입하지 않는 경우에는 오히려 장기적으로 기업의 경쟁력이 떨어져 일자리 자체가 없어질 수도 있다. 앞서 예로 보여준 라디오와 카메라가 인공지능과 접목되어 변신을 거듭하는 동안 얼마나 많은 인간의 일자리를 만들었을까? 인공지능과 관련된 윤리성, 법규 준수 등의 문제는 또 다른 일자리를 파생시킨다. 이러한 분야에는 사람의 개입이 필수적이니 이 또한 신기술이 불러온 새로운 일자리로 볼 수 있겠다.

물론 인공지능 고도화에 따른 불편한 진실도 존재한다. 로봇이 사람과 상당히 비슷해지면서 논란이 불거진 성 산업에서의 성인돌 이슈는 이제 전혀 새롭지도 않을 정도다. 인공지능 드론이 어디나 마구 날아다니는 세상이지만, 드론의 카메라가 윤리적인 눈이라고 누가 장담할 수 있을까? 또한 인공지능 고도화로 외국어를 학습할 필요가 없게 되면 관련 학과들의 운명은 어찌되는가. 걱정하자면 끝이 없다. 어차피 인공지능과의 동거는 시작되었다. 정설도 있고 역설도 있지만 어쨌거나 모든 진화에는 그만큼의 필요가 따르기 마련이다.

우주를 날아가고 있는 보이저호는 초기 컴퓨터 언어인 어셈블리어[7]로 프로그래밍되어 있다. 나사의 직원들이 지금도 그런 언어를 유지하고 있다는 사실은 새로운 시각을 제공한다. 신기술이 나오면 당장 배울 것이 하나 더 늘어날 뿐, 과거의 기술은 신기술 등장 이후로도 상당기간 유지된다는 것이다.

누군가의 실수로 인터넷이 작동하지 않는다면 인공지능은 하루아침에 태어나기 전으로 돌아가고 만다. 전쟁과 같은 상황을 생각해 보면 될 것이다. 이때는 과거의 기술들이 다시 사용되어야 하는 '아날로그 트윈'이 필요할지도 모르겠다. 이런 생각들은 인공지능에게 열려 있는 과제가 아닐까 한다.

······
7   2진수로 표현되는 기계어를 사람이 이해하기 쉬운 기호로 일대일 대응시킨 저급 프로그래밍 언어.

DA COLUMN

인공지능과의 동거

복잡한 사회 환경 속에서 사람만이 할 수 있는 일이 있고, 인공지능만 할 수 있는 일도 존재한다. 그러나 둘사이에 사람과 인공지능이 함께 해야 하는 일도 상당히 많이 존재 한다. 글로벌 컨설팅 업체인 액센츄어의 폴 도허티와 제임스 윌슨은 저서 <휴먼+머신(청문각, 2019)>에서 '소외된 중간지대'라는 표현으로 휴먼과 머신의 협업 활동을 해야 하는 영역에 대해 구체적으로 기술하였다. 머신을 교육시키는 일에서부터 인공지능과의 협업으로 휴먼이 막강한 능력을 가지게 되는 단계가 있을 수 밖에 없다는 것이다. 이와 더불어 인공지능을 이용함에 있어서 윤리적인 의무, 사회 법규의 준수 그리고 인공지능의 실수나 부작용으로 인한 충격 등에 대한 고려의 충분성 같은 이슈는 해결해야할 과제로 기술하였다.

인공지능이 촉발한 또다른 뉴스거리는 인간 일자리의 대체이다. 그러나 삼성경제연구소의 <4차 산업혁명, 일과 경영을 바꾸다(2018)>에 따르면 하나의 역설을 제시하면서 신기술의 적극 도입을 옹호한다. 신기술을 도입하는 것을 억제하는 것 보다 적극적 도입이 그것의 부정적 영향을 줄여준다는 것이다. 신기술 도입 시 기존의 작업자는 기계로 대체 되더라도 신기술의 운영 요원으로 변신하는 사례가 의외로 많다는 것이다. 그와는 반대로 신기술을 도입하지 않는 다면 일시적으로는 근로자의 일자리가 유지 되겠지만, 장기적으로 기업의 경쟁력이 떨어져서 일자리 자체가 없어질 수도 있다는 것이다. 앞서 예로 보여준 라디오와 카메라는 인공지능을 이용하여 변신을 거듭하는 동안 얼마나 많은 인간의 일자리를 만들었을까? 인공지능의 윤리성, 법규 준수 등의 문제는 역시 신기술이 파생한 사람이 해야 하는 분야의 탄생으로 보인다.

06

삐딱하게 바라본 기술의 진보

요즘은 심리학의 홍수가 발생한 것처럼 여기저기서 심리학 용어를 가져다 쓴다. 그중 흥미로운 개념으로 '확증 편향confirmation bias'이 있다. 쉽게 말해 듣고 싶은 것만 듣고 보고 싶은 것만 보는 것이 인간에게 내재된 심리라는 것이다. '난 아니다.'라고 생각할 수 있지만, 확증 편향은 본능적이고 무의식적으로 일어나기 때문에 쉽게 벗어나기 힘들다. 앞서 말한 개념을 논리적인 부정문으로 바꾸어 보자. 듣고 싶은 것을 듣지 않고 보고 싶은 것을 보지 않는다. 이것은 나이가 어릴수록 참기 힘든 일이다. 확증 편향에서 벗어나려면 자신의 생각을 끊임없이 의심해 봐야 한다. 모든 것을 아우르는 객관적인 시각을 가지려면 상당한 수준의 훈련이 필요하다.

확증 편향이 심하면 눈 앞에 확실한 증거가 있어도 알아차리지 못할 수 있다. 누군가를 의심하기 시작하면 의심스러운 정황들만 보이듯이, 반대로 사기꾼을 믿다 보면 객관적으로 이상한 구석이 많은데도 본인이 믿고 싶은 부분만 듣다가 결국 사기를 당하고 만다. 이 같은 확증 편향은 개인사뿐만 아니라 사회 현상을 바라보는 시각과도 관련이 있어 보인다.

인간은 산업혁명을 거치면서 무엇을 성취하였나. 대량 생산 시대를 맞이한 세계는 경제적, 정치적으로 엄청난 변화를 맞이했다. 내연 기관의 발달로 자동차가 보급되면서 세상은 좁아졌고, 컴퓨터의 등장과 함께 인터넷 세상으로 전환되면서 인간은 지구를 벗어나기 시작했다. 지구의 반대편에서 일어나는 일을 실시간으로 아는 것은 물론이고 가까운 우주에서 일어나는 일도 빛의 속도로 알 수 있는 세상이 되었다. 이러한 일련의 산업혁명은 결과적으로 세상의 시간을 단축시켰다. 생산이나 이동에 걸리는 시간, 정보를 알아내는 데 걸리는 시간 등 우리가 무언가를 할 때 소요되는 시간이 현저히 줄어든 것이다. 우리는 지금 당장 궁금한 것이 있으면 검색을 통해 순식간에 알아낼 수 있는 세상에서 살고 있다. 시간은 더 빨리 가고 있지 않지만 인간이 만들어 내는 효율 극대화로 인해 일을 처리하는 데 필요한 단위시간이 줄어들었다.

또한 지금까지 존재하지 않았던 것들을 만들어 이름을 붙이고 개선해 왔다. 이를 인간이 아닌 기술의 입장에서 보면 어떤 확증 편향을 발견할 수 있을까? 모든 기술은 언젠가는 사라질 운명에 놓여있다. 인간은 언제나 더욱 발전된 모델, 기존보다 더 빠른 대체 수단을 만들고자

하기 때문이다. 그러나 기술 입장에서는 죽고 싶지 않다. 이러한 두려움에 기인해 기술 세계에서는 신기술이 등장해도 그것을 무시해 버리는 확증 편향이 일어나기 십상이다. 한물간 기술은 신기술의 장점을 무시하고 문제점을 확대 해석하면서 자신의 존재를 정당화하려 한다. 그렇기에 신기술이 나와도 한동안은 두 가지 기술이 공존하는 현상이 벌어질 수밖에 없다. 이러한 시기에 인간의 개입은 기술이 가지는 확증 편향을 극복하는 치료제로 작동해서 결국은 신기술의 세계로 넘어가게 된다.

시간단축 현상은 빠른 게 좋은 것이라는 고정관념을 만들었고, 더 빨라져야 한다는 또 다른 강박을 만들고 있다. 지금이 4차 산업혁명이라고 이야기하는 사람들이 그렇다. 과거의 산업혁명 시기에는 뚜렷한 하나의 기술이 특징적으로 구분 지어졌다. 그러나 지금은 소위 ICBM[IoT, Cloud, Big Data, Mobile]으로 명명하는 모든 기술을 다 들이대고도 모자라 인공지능의 시대라고 한다. 이런 것들이 합쳐져서 어떠한 것이 나올지는 아직도 의문이다. 구기술과의 공존 기간일수도 있다. 어쩌면 인간의 시간에 대한 강박이 만들어 낸 '상상임신' 같은 기간일 수도 있다. 대중이 그렇다고 인정한다면 부정할 것까지야 없지만, 그러한 군중 심리를 이끌어 낸 것이 누군가의 전략이라면 어떨까? 4차 산업혁명이라 불리는 시대의 기술 현상에 대한 냉정한 시각이 필요하다.

G7의 선진국들은 각종 학회와 특허, 그리고 무엇보다도 큰 시장을 가지고 있다. 거기서 이론을 만들고 표준으로 지정하고 기업들이 쓰기 시작하면 세계는 따라가는 것이다. 이제는 새로운 산업혁명을 선도하

려는 일들이 노골적으로 진행되고 있다. 우리가 관심이 없었던 지난 20여 년간 아마존이나 구글 같은 기업은 이미 ICBM과 인공지능에 투자해 왔다. 그들이 그간의 투자를 전략적 비즈니스로 전환하기 시작했을 때 세계는 놀라고 다급해졌다. 선진국들이 시작하면 무조건 옳은 것이라 생각하는 확증 편향은 세계의 경제지도를 바꾸고 있다. 따라잡기 힘들지만 합류하지 못하면 낙오되고 만다는 것이다. 세계의 리더들이 지금의 기술적인 현상을 4차 혁명이라고 부르고 싶다면 어쩔 수 없지만 10년 정도가 지나면 지금의 시기에 대한 정의가 확실해질 것이다.

새로운 기술이 개발되면 개발자는 대중이 듣고 싶은 말을 최대한 극적인 방법으로 전달하면서 대중의 확증 편향을 자극한다. 로봇이 계단을 올라와서 개발자와 악수하며 간단한 이야기를 하는 장면은 4차 산업의 완결판 같은 이미지를 연출한다. 그러나 실제의 로봇은 그 장면만을 위해서 만들어진 전문기기에 지나지 않는다. 사람이 실수로 잘못 이야기한 내용을 귀신같이 제대로 알아맞히는 인공지능은 실제로는 짜고 치는 고스톱이다. 작금의 코로나 이슈는 4차 산업이라는 화두를 무대에서 끌어내리고 있다. 코로나의 숨은 의도는 인간이 뭔가를 개발하기 전에 스스로 변하는 것일 수도 있다. 인간이 추구하는 4차 산업혁명 기술이 살아남아 새로운 바이러스에 대항하는 저변 기술이 되려면 시간적인 제약을 뛰어넘는 것도 중요하지만 완성도를 높여 일단 바이러스를 죽이는 경찰 바이러스라도 만들어 내는 것이 시급하다고 본다.

오랫동안 국내 3대 미제 사건 중 하나로 꼽혔던 이춘재 연쇄살인사건을 생각해 보자. 살인범이 다른 범죄 혐의로 형무소에 있는데 살인 사건의 범인을 아직 못 잡았다며 수사를 계속해 봐야 결과는 뻔하다. 형무소에 있는 진짜 살인범이 자수를 해도 잘 받아들여지지 않는 것이 바로 확증 편향의 사례이다. 그 사람은 다른 범죄의 모자를 쓰고 있어서 형사들 눈에는 투명인간이나 다름없다. 이와 같이 여름에는 독감 바이러스의 전파력이 약해져 모습을 감추는 것이 일반적이라는 상식도 코로나 바이러스 대응에 확증 편향으로 작용했을 수 있다. 고온다습한 환경에서는 바이러스의 활동이 위축되니 여름에는 코로나 바이러스의 확산세가 줄어들 것이라 기대하며 기다리는 것에 무게를 두기 마련이다. 지구촌의 모든 지도자들은 치료제도 백신도 없는 상황에서 확증 편향이 맞기를 바랐을지도 모른다. 그러나 지금까지의 상황 전개로 봐서 확증 편향은 틀렸고, 그 결과로 우리는 전쟁이 나야 볼 수 있을 법한 희생자 수를 마주했다.

이처럼 머릿속에 박힌 확증 편향은 우리가 문제를 극복하기 위해 해야 할 중요한 조치를 잊거나 간과하게 만든다. 지금은 무엇보다도 산업혁명이라는 확증 편향에서 잠시 벗어나 세상을 바꾸는 진정한 산업혁명에 대한 비판적인 고찰이 필요한 시점이다.

칼럼 ⌄

[톺아보기] 삐딱하게 바라본 기술의 진보

f ⏉ [↗] 최종수정 2020.10.12 11:31   기사입력 2020.10.12 11:31

요즘은 심리학의 홍수가 발생한 것처럼 여기저기서 심리학적 용어들을 가져다 쓴다. 그중 흥미로운 개념으로 '확증편향'이 있다. 쉽게 말하면 사람들은 듣고 싶은 것만 듣고, 보고 싶은 것만 본다는 것이다. '난 아니다'라고 생각할 수 있지만, 확증편향은 본능적이고 무의식적으로 일어나기 때문에 쉽게 벗어나기 힘들다. 서두의 개념을 논리적인 부정문으로 바꾸어 보자. 듣고 싶은 것을 듣지 않고, 보고 싶은 것을 보지 않는다. 이것은 나이가 어릴수록 참기 힘든 일이다. 확증편향에서 벗어나려면 자신의 생각을 끊임없이 의심해 봐야 한다. 모든 것을 아우르는 객관적인 시각을 가지려면 상당한 수준의 훈련이 필요하다.

댓글 ⌄

Hyun＊＊＊＊
AI라는 언어의 유행이 주는 답답함을 해소해 주는 글입니다.

이＊호
4차 산업혁명이라고는 하는데, 아직 이전 기술들과 크게 차별화되지 않은 것에 공감합니다.

이＊훈
확증 편향으로 기술의 Life Cycle을 대비하는 내용을 얻어갑니다.

07

현실과 4차 산업의 괴리

2020년이라고 쓰면 아직도 미래의 어느 시점인 것 같아서 낯설다. 첨단 기술이 어디에나 존재하는 현재에도 최근 발생한 몇 가지 사건은 우리 사회에 상당한 혼란을 던져주고 있다. 두 세기 전에 일어난 전 세계적 전염병 사건이 또다시 일어났고, '4차 산업혁명'이라 불릴 정도로 기술이 진보한 현시점에서 빅데이터나 인공지능이 팬데믹 가운데 무엇을 했는지 알기 어렵다. 이러한 상황에 국내에서는 전 국민을 동원하는 국민투표[8]를 실시했는데, 성공적이었다는 결과론적 뉴스 외에 특별한 것이 없어 보인다.

·····
8   2020년 4월 15일에 치러진 제21대 국회의원 선거로, 투표율은 28년만에 최고치인 66.2%을 기록했다.

전 세계적으로 팬데믹 상황에 대응하는 자세를 바꿀 필요가 있다고 본다. 이제는 모두가 알겠지만, 대부분의 나라가 코로나 바이러스 발생 초기에 상당히 정치적으로 대응한 것이 문제라고 생각한다. 제대로 된 대응을 하려면 현상과 데이터에 의거해 결정을 내려야 하며, 무엇보다도 의사결정의 마지막 단계에 전문가 집단이 있어야 한다. 중국은 통계에 신뢰를 잃고, 일본은 올림픽을 이유로 대처를 미루고, 서방 선진국들은 알 수 없는 자신감으로 초기 진화에 소홀했다. 이미 오랜 기간 동안 전염병 확산 모델에 대한 연구가 진행되어 왔고 여기에 인공지능이 더해져 예측의 정확도도 높아지고 있는 마당에 작금의 상황까지 오게 된 것은 결국 우리 모두의 책임이다.

바이러스 관점에서 살펴보면, 그들은 독자 생존을 포기한 만큼 숙주를 통한 생존에 목숨을 걸고 있다. 바이러스는 사람의 눈으로 인지할 수 없을 정도로 아주 작다는 강점과 더불어 숙주의 면역 기제를 속이는 특별한 재능을 지녔다. 또한 그들은 항생제에 내성을 키우는 학습능력도 가지고 있다. 조금 과장하자면 자기를 인간의 제3의 경쟁세력쯤으로 보이게 만드는 심리적 기술도 가지고 있는 듯하다. 바이러스의 공포로 심리 치료를 받는 사람이 있다면 억지도 아닐 것이다.

의료계가 대응해야 하는 바이러스 또는 병원균 개체의 수는 얼마나 될까? 아마 우주의 별만큼 많을 것이다. 그중 두 개 이상의 바이러스가 동시에 대유행하는 다중 팬데믹 상황이 오면 세상이 어떻게 될지 상상하기도 어렵다. 인류가 그러한 위협에 대처하는 속도는 바이러스가 진화하는 속도에 미치지 못한다. 오늘날 코로나 바이러스의 습격으로 인류의 비상 상황 버튼이 눌렸고 아주 오랜 시간이 흘러도 변하지 않을 것 같던 우리의 일상, 전통적 습관은 단시간에 뒤바뀌었다. 이러한 위협에 대응하고자 전 세계는 동일한 선상에서 대화하고 협력하게 되었는데, 여기에 신기술들이 소리 없이 자리하고 있다는 점은 시간이 조금 흐르면 인지하게 될 것이다.

이처럼 인류가 위협받는 상황에서 우리 국민들이 보인 정치에 대한 관심과 투표에 대한 열정은 전 세계적으로 유례를 찾아보기 힘든 도전적 과제였으며 결과적으로 전 세계가 대서특필하는 뉴스의 진원지가 되었다. 도전적 과제라 함은 거리 두기 캠페인을 하면서도 사람들이 현장에 모여서 투표하게 했다는 것이다. 블록체인 같은 최첨단 보안기술을 적용하였더라면 최소한의 모임으로 원격 투표를 할 수 있었다는 점을 생각해 보면 여전히 현실과 4차 산업 사이에 괴리가 있다는 것을 알 수 있다. 전파력이 강한 전염병이 돌 때 군중이 모이는 투표 장소는 대대적 감염에 노출되기 십상이다. 그럼에도 신기술을 이용하지 않아 그 리스크를 국민이 떠안은 것이나 마찬가지였다. 그러나 리스크가 있다고 해서 문제가 항상 발생하는 것은 아니다. 4 · 15 총선은 무사히 치러졌고, 이것은 정말 하늘도 코로나 바이러스도 도운 결과였다.

선거 운동 기간 내내 여러 유세를 가만히 듣고 있자니 세월이 지나고 기술이 발전했지만 유세 현장은 옛 시절을 그대로 답보하고 있다는 생각이 들었다. 지역구 내 어디를 가도 몇 가지 똑같은 구호가 반복되고 있을 뿐이었다. 전국의 모든 유세 현장이 그러하리라고 단언하기는 어렵지만, 대체로 그러한 추세일 것이라 추론해볼 수는 있겠다. 자고로 선거 전략이란 시민들의 열망을 녹여내고 본인의 정치적 포부를 드러내며 경쟁자와의 구도에서 이길 수 있도록 하는 것이다. 빅데이터적인 자료 수집으로 전략을 세우고 공약을 수백 개 이상 만들었더라도 상황에 따라 인공지능적으로 공약을 선별하여 전달해야 한다.

지금은 투표의 연령대가 낮아지며 유권자들의 요구가 더욱 다양해졌으므로 먼저 최신 고객관리 기법인 CRM[9]을 이용한 지역별, 연령대별, 성별, 직업별 공약을 만들어야 한다. 그런 다음 유세 현장의 상황에 따라 적절한 공약 묶음을 유권자들과 최대한 소통하는 방식으로 진행해야 본인을 다른 후보들과 효과적으로 차별화할 수 있다. 본격적인 유세 전, 후보자는 먼저 다양한 상황에 알맞는 시나리오별 유세를 몸에 익힌 채 언제든 선거 전략 사무실과 긴밀하게 소통할 수 있도록 준비해야 한다. 유세가 진행될 때 후보자는 이어폰을 착용하고 전략 사무실은 전방카메라로 현장 상황을 분석하여 공약을 어떠한 방식으로 전달할지를 후보자에게 안내해야 한다.

일방적인 전달이 아니라 상호 소통하는 유세가 된다면 마치 인공지능이 답을 찾아가는 상호 작용 또는 피드백 시스템처럼 보일 것이다. 가령 학생들이 많이 모이는 전철역 근처에서는 어떤 유세가 효과적일까? 취업과 관련 없는 공약만 줄줄 늘어놓으면 아무도 그 자리에 머무르지 않을 것이다. 후보자가 재빨리 학생들의 고충에 공감하는 애드리

<hr />

9   고객 관계 관리(Customer Relationship Management). 고객과 관련된 자료를 정리, 분석하여 고객의 특성을 바탕으로 마케팅 프로그램을 계획 · 지원 · 평가하는 고객 중심의 경영 기법.

브로 시선을 끄는 동안 전략 사무실에서는 학생과 교통에 대한 공약 묶음을 제공해서 상황에 따른 성공적인 유세가 되도록 하는 것이 바람직하다. 2022년에 또다시 대선 등의 선거가 예정되어 있다. 코로나는 일상이 되어 있을 것이고, 선거판의 상황이 이전과 다를 것은 자명하다. 그 선거에서 이기는 쪽은 데이터로 민심을 잘 읽는 쪽일 것이다.

4차 산업이라고 해서 그리 거창하거나 따로 떼어서 독자적으로 다룰 것도 아니다. 바이러스의 숙주가 인간을 포함한 생물인 것처럼 4차 산업 기술의 숙주는 기존의 프로세스이다. 바이러스와 신기술 모두 인류를 변화시킨다는 점에서는 같지만, 기본적으로 바이러스는 극복하는 데 수많은 생명의 희생이 치러지는 데 비해 신기술은 선진국형 또는 자본집약형으로 돈이 많이 들 뿐이라는 점에서 차이가 있다. 코로나의 위기는 아직 끝나지 않았고, 선거는 계속될 것이다. 코로나 대응과 4차 산업혁명에 있어서 선진국들은 대체로 동일 선상에서 출발했지만 그중 한국이 나름 건전하게 대응해 오고 있다고 본다. 차근히 돌아보고 다음을 준비한다면 우리가 세계적으로 우위를 점할 수 있는 분야들이 상당하다. 모두가 한국을 바라보고 있을 때 뭔가를 보여줘야 한다. 지금 우리는 전 세계를 대상으로 한 또 다른 유세장에 있다. 선거 유세장에서 신기술을 이용하듯 전 세계와 인류를 위한 공약을 만들고 한국 전체가 한마음으로 외교를 할 수 있는 절호의 기회이다. 이런 기회는 어쩌면 마지막일지도 모른다는 절실함을 가지고 이론을 현실로 만드는 각고의 노력이 필요하다.

전자신문

[기고]현실과 4차산업의 괴리

김지선 입력 2020. 05. 12. 14:49 수정 2020. 05. 13. 08:44

2020년이라고 쓰면 아직도 미래의 어느 시점인 것 같아서 낯설다. 첨단 기술이 어디에나 존재하는 현재에도 최근에 발생한 몇가지 사건은 상당히 혼란스러움을 던져주고 있다. 물론 역사적인 흐름을 자로 재듯이 끊어서 볼 수는 없겠지만 두세기전과 같은 전염병사건이 현재에 일어났는데도 4차산업 빅데이터나 인공지능은 무엇을 했는지 잘 알기 어렵다. 이러한 상황에서 전국민을 동원하는 국민투표를 실시했는데, 성공적이었다는 결과론적 뉴스 외에 특별한 것이 없어 보인다.

4차산업이라고 해서 그리 거창하거나 따로 떼어서 독자적으로 다룰 것도 아니다. 바이러스는 인간을 포함한 생물이 숙주이듯이, 4차산업의 기술들도 기존 프로세스가 숙주이다.

댓글 ∨

최*석
미래동력 산업도 나눠먹기식, 자기 식구 챙기기식으로 해서는 힘들다고 본다. 투자와 발전에 대한 규제를 과감히 풀고 버릴 것은 버리고 가는 개혁적 발상을 하지 않으면 미래는 없다고 본다.

08

진정한 4차
산업혁명의 주인공

　원래 석탄은 땔감으로 쓰이거나 화력이 좋아서 금속을 녹이는 데 쓰이는 정도였다. 18세기 이전에는 나무가 사용되었으나 더 이상 쓸 나무가 없어지자 석탄으로 눈길이 쏠린 것이다. 제임스 와트가 증기 기관을 만들면서 바야흐로 에너지 공급원으로서 석탄의 시대가 열렸다. 이때는 석탄과 관련된 채굴, 운송, 철광석 용해 등 사회 인프라와 관련 기술들이 함께 발전하며 산업혁명의 도입부로 이어지는 시기였다. 가정과 공장의 난방, 화력 발전소의 연료, 그리고 교통수단의 연료가 모두석탄이었다. 미국에서 제작한 서부 영화에는 무장 강도들이 화물 기관차를 습격하는 장면이 많이 나오는데, 그 장면들의 배경을 유심히 보면석탄을 증기 기관에 넣는 작업자들이 계속해서 등장한다.

학교에서 배우는 1차 산업혁명은 증기 기관의 발명으로 방직 기술이 발달했다는 단편적인 내용에 그친다. 이것은 실로 시험을 위한 조각 상식에 지나지 않는다. 당시 영국에서 일어난 일련의 변화를 단 한 줄로 이야기한다는 것은 지나친 축약이다. 방직 기술의 발달로 면직의 대량 생산이 이루어지자 신흥 산업자본가들이 생겨났고, 그에 따라 중세의 계급 체계가 바뀌었다. 이어서 선거권을 가진 사람들이 늘어나고 자유 무역이 발생하는 등 일련의 사회·정치·경제적 변화가 일어났다. 이러한 1차 산업혁명의 기조에 석탄 산업의 발전이 있었으며, 석탄은 오늘날까지 사회의 여러 곳에서 활용되고 있다. 요즘 젊은 세대는 연탄 1장 값을 모르는 것은 물론이고, 연탄을 실제로 본 적이 없는 이도 있을 것이다. 그러나 우리 사회에는 여전히 연탄을 주 연료로 사용하며 고군분투하고 있는 이웃들이 있다.

  2차 산업혁명은 토머스 에디슨과 니콜라 테슬라로 대표되는 전기의 이용을 빼놓고 이야기하기 어렵다. 우리는 그들이 발명한 것 위에서 온갖 문명의 이기를 누리고 있다. 전기는 보이지 않지만 전구를 통해 세상을 밝게 해주는 엄청난 기능을 지녔고, 전기의 힘으로 밤이 낮처럼 밝아지자 인류의 노동 시간은 획기적으로 늘어나게 되었다. 외계 행성에서 지구를 관찰해 왔다면 갑자기 밝아진 지구를 보고 초신성이라고 하는 외계인들도 있었을 것이다.

  이러한 전기 기술 발전과 동시에 석탄을 연료로 사용하던 증기 기관이 석유를 원료로 하는 가솔린 기관에 자리를 내어주게 되면서 1차 산업혁명에 버금가는 변화가 나타난다. 2차 산업혁명의 핵심 용어는 대량

생산과 자동화이며, 여기에는 석유 에너지의 확산이 자리하고 있다. 원유를 시추해서 나오는 아스팔트로 도로를 건설하고 휘발유와 경유는 자동차의 연료로 사용한다. 그 외 나일론이나 플라스틱 같은 부산물까지 어느 하나 버릴 것이 없다. 석탄에서 석유로의 전환은 국제 정치에도 영향을 미치며 산유국에 상상 이상의 전략적인 힘을 실어주게 되었다. 산유국들은 어느 날 갑자기 부유한 나라가 되었고, 한국처럼 석유를 전량 수입해야 하는 나라는 산유국들의 눈치와 환율의 동향을 시시각각 살펴야 하는 처지에 놓였다. 산유국이 석유를 무기화하는 것은 어제 오늘의 일이 아니다.

그리고 3차 산업혁명, 즉 컴퓨터와 인터넷이 촉발한 새로운 산업혁명의 시기에 세계는 대체 에너지를 찾느라 엄청난 수고를 들이고 있다. 얼마 전까지만 해도 원자력은 미래 에너지 자원이라 여겨졌다. 그러나 원자력 발전 연료인 우라늄과 풀루토늄은 우리나라를 포함해 대부분의 나라에서 자체 생산할 수 없고, 게다가 체르노빌과 후쿠시마의 원전 사고로 원자력 발전의 위험성이 크게 대두되고 있는 실정이라 미래가 밝다고 보기는 어렵다. 에너지 분야의 혁신이 다소 지지부진하긴 하지만 3차 산업혁명의 컴퓨터와 인터넷이 불러온 혁신은 워낙 범지구적인 것이라 속도와 연결이라는 측면에서 상당히 의미있는 변화라 할 수 있다.

현재는 ICBM이 4차 산업혁명으로 대두되고 있지만 사실 IT의 2차 혁명쯤일지도 모른다. 오늘날의 기술 현황을 보면 세상을 바꾼다기보다는 IT 환경을 바꾸는 것으로 보는 게 더 적절한 것 같다. 가까운 미래에 사람을 대체하는 인공지능이 나온다면 세상은 대혼란 수준의 격동적인 변화를 겪게 될 것이나, 지금의 기술로는 그러한 AI를 구현하기 어려운 것이 사실이다. 이러한 맥락에서 논할 때 현재 진행 중인 에너지 분야의 혁신은 단연 수소를 사용하는 것이다. 수소 에너지는 친환경적이며 미래지향적인 에너지원이다. 수소는 어디에나 존재하기에 수소 에너지는 에너지의 민주화라 불리며, 기존 원자력 발전 연료와 달리 전 세계의 어느 나라든 기술에 투자하기만 하면 수소 에너지를 개발할 수 있다. 선진국이나 산유국의 눈치를 보지 않아도 되는 것이다. 이처럼 보이지 않는 에너지 경제 속국 시스템이 순식간에 사라지는 쾌거를 이룩하는 것, 수소 에너지를 통한 이러한 변화야말로 진정한 4차 산업혁명이 아닐까 싶다.

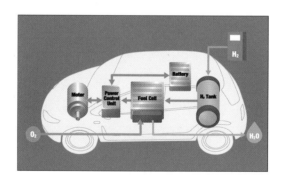

한국의 현대자동차사는 벌써 수소차와 수소전지를 만들어 수출하고 있다. 자원 강국에 편중되었던 에너지 기술이 수소 시대에 와서 큰 변화를 맞이한 것이다. 그동안 자원을 확보하기 위해 식민지를 건설했던 나라들, 산유국으로 큰소리치며 타국의 숨통을 쥐고 있었던 나라들은 이러한 흐름에 바짝 긴장하고 있다. 수소 에너지가 도약함에 따라 바다에 떠 있는 유조선과 선물 시장도 서서히 쇠퇴의 길을 준비해야 하기 때문이다. 국내 석유 수입량을 지금의 절반으로 줄인다면 우리나라의 경제는 사뭇 달라질 것이며, 중국에서 사용되는 자동차들이 수소차로 바뀐다면 서울의 공기가 훨씬 좋아질 것이다. IT가 촉발한 산업혁명과 에너지 산업혁명은 조만간 앞서거니 뒤서거니 하면서 시너지를 만들고 진정한 4차 산업혁명으로서 세상을 바꿀 것이다.

칼럼 ˅

[톺아보기] 진정한 4차 산업혁명의 주인공

f 🐦 📋 최종수정 2021.02.15 13:57 기사입력 2021.02.15 13:57

원래 석탄은 땔감으로 쓰이거나 화력이 좋아서 금속을 녹이는 데 쓰이는 정도였다. 이 후 더 이상 쓸 나무가 없게 되자 석탄으로 눈길이 쏠렸다. 우리나라도 1950년대 이전에는 전쟁과 벌목으로 대개가 민둥산이었다. 제임스 와트가 증기기관을 만들면서 바야흐로 에너지 공급원으로서 석탄의 시대가 열렸다. 이때가 산업혁명의 시작으로 이어지는 시기인데, 채굴·운송·철광석 용해 등 사회인프라와 기술적 문제들이 함께 발전하는 기간이었다.

학교에서 단편적으로 외우는 1차 산업혁명은 증기기관의 발명으로 방직 기술이 발달했다는 것이다. 이것은 실로 조각 상식에 지나지 않는다. 면직의 대량 생산이 이루어지자 신흥 산업자본가들이 생겨나고, 중세 계급체계가 바뀌어 선거권을 가진 사람들이 늘어났다. 자유무역이 발생하는 등 당시 영국에서 발생한 일련의 사회·정치·경제적 변화들을 한 줄로 이야기한다는 것은 지나친 축약이다.

· · ·

ICBM(IoT, Cloud, Big Data, Mobile)으로 대두되는 4차 산업혁명은 사실 IT의 2차 혁명쯤 일지도 모른다. 이는 세상을 바꾸는 것 보다는 IT환경을 바꾸는 일에 가까워 보인다. 향후 사람을 대체하는 인공지능(AI)이 나온다면 세상은 대혼란 수준의 변화를 겪을 것이지만, 이는 현재 기술 단계에서는 시간이 더 필요하다. 위의 맥락과 같이 현재 진행중인 에너지 분야의 혁신은 단연 수소를 사용하는 것이다. 선진국이나 산유국의 눈치를 보지 않아도 되니 보이지 않는 에너지 경제 속국 시스템이 순식간에 사라지는 쾌거가 발생하는 것이다. 에너지 민주화, 바로 이것이 또다른 4차 산업혁명일 수 있다.

한국 현대자동차는 벌써 수소차와 수소전지를 만들어 수출하고 있다. 자원 강국에 편중된 에너지 역량이 수소 시대에 와서 큰 변화를 맞이하는 것이다. 예전에 자원을 확보하기 위해 식민지를 건설했던 나라들, 산유국으로 큰소리치며 타국의 숨통을 쥐고 있었던 나라들은 다가오는 수소 에너지 시대에 긴장하고 있을 것이다. IT가 촉발한 산업혁명과 에너지 산업혁명은 조만간 앞서거니 뒤서거니 하면서 시너지를 만들고 진정한 4차 산업혁명으로 세상을 바꿀 것이다.

디지털 트랜스포머 CDO의 조건

조직에서 CIO^{Chief Information Officer}로 대변되는 IT 담당 부서는 예전에는 비용만 엄청 들어가고 돈은 벌어오지 않는 계륵 같은 존재였다. 회사가 어려움에 직면할 때 가장 먼저 비용 감축을 하는 부서라는 서러움을 딛고 빠르게 변화하는 기술을 열심히 도입하며 현재에 이르렀다. 지금은 상황이 정반대로 바뀌어 IT만 잘 정비되어 있으면 모든 것이 정상적으로 운영될 수 있기에 IT 부서는 비용도 우선적으로 집행되는 보호받는 집단으로 거듭났다.

기업 내부를 크게 두 집단으로 분류해 보자면 직원과 관리자, 영업과 비영업, 현장과 지원 부서 등으로 나눌 수도 있지만 IT와 타 부서로 나누어 볼 수도 있다. 기본적으로 IT 기술은 다른 영역에 비해 굉장히 빠른 속도로 변화한다. 그렇다 보니 IT 부서와 타 부서 간 디지털 격차는 점차 심화되기 마련이다.

비대면 기술은 꾸준히 발달해 왔다. 그리고 현재, 사회 전반적으로 비대면 프로세스 도입이 절박해지면서 조직 전체가 동일한 수준의 IT 를 이용할 수 있어야 하는 시점에 다다랐다. 모든 부서가 IT 서비스로 연결되어 있고 협업하는 동료나 영업 대상인 고객조차도 비대면으로 대응해야 하는 세상이 도래한 것이다.

그러나 아직도 지난 세상과 중첩되는 과도기적인 부분이 상당하다. 인쇄된 종이로 소통하는 일이 부지기수이며, 관리 역량 부재로 아직도 근무 환경이 모바일 환경이 아닌 경우도 허다하다. 인사고과에 정량적인 평가보다 정성적인 평가가 앞서는 경우도 많을 것이다. 한 인사 관리자가 대면으로 보고받는 인원이 10명 이상이면 제대로 관리하기 어렵다는 것이 통념이며, 금융권에서는 종이통장과 플라스틱 카드를 없애고도 고객을 놓치지 않는 방법이 없을까 노심초사하고 있다. 이러한 종합적인 과제를 담당하는 직종이 최근에 새로 생긴 CDO^{Chief Digital} ^{Officer}이다. 전사적인 디지털 혁신을 담당하는 중역으로 대기업 위주로 신설되고 있는 추세이다.

CDO의 역할은 중장기 IT 전략 수립과 같이 운영 효율화와 디지털 혁신을 위한 전략으로 시작된다. 시중에 많이 알려진 것은 비용 절감 사례인데, 예를 들어 회사의 모든 IT를 아마존 클라우드에 아웃소싱하는 과감한 결정을 내리기도 한다. 고객 주문 처리 상황을 모바일로 알려주는 서비스도 하나의 사례이다. 의사결정을 위해 15단계의 승인 절차를 거쳐야 하고 최종 승인에 일주일이 걸리는 작업이 있다고 해보자. 이를 운영 효율화로 하루만에 끝낼 수 있게 된다면 회사는 남는 인력을 줄이거나 성과 창출이 시급한 부서로 재배치하게 될 것이다. 여기에 관련된 기술이 인공지능, IoT, 모바일, 빅데이터이다. 이러한 기술로 방대한 양의 데이터를 이용하여 고도의 모델링을 한다. 여기서 머신러닝과 딥러닝을 이용해 예측한 내용은 더 이상 단순 참고자료가 아니며 고객관리, 생산관리, 재고관리 분야에서 중요한 조절 변수로 사용된다. 또한 회사의 운영 주기는 일별 관리 체계가 가능해져 내부 업무 보고에 시간을 많이 들일 필요가 없게 된다.

지금부터 10년 정도가 흐른 뒤의 세상은 어떨까? 디지털 혁신이 완료되어 회사마다 업무별 봇이 즐비하고, 고객과의 접점은 대면보다는 비대면의 비중이 훨씬 클 것이다. 또한 이러한 시스템은 과거의 쓰라린 경험으로 체득한 내용을 바탕으로 경제적 쇼크나 회사의 잠재적 리스크에 덜 민감할 것으로 예상된다. 그리고 신제품 출시에 필요한 모든 프로세스는 사람의 손을 거치지 않고 고객요구, 경쟁분석, 가격결정 등 모든 요소가 반영된 시뮬레이션으로 이루어져 최적의 보고서를 만들어 낼 것이다. 지금은 시험적 과도기로, 해야 할 일들이 도처에 널려 있어 앞만 보고 달려도 탈진할 정도로 업무량이 과도할 것이다. 이 시점에서 되짚어 볼 것은 디지털 혁신의 주된 결과는 '비용 절감'이고 회사의 근본적 목표는 '매출과 이익의 극대화'라는 점이다.

앞으로 CDO가 디지털 혁신으로 매출 확대에 기여하라는 압박을 받게 될 것은 자명하다. 영업적인 마인드로 매출에 기여할 수 있다면 CEO가 될 수도 있지만 기술적인 면에 몰입해서 기업의 외형에 기여하지 못한다면 CIO에 흡수되거나 또는 반대로 될 것이다. 큰 비용을 들인 디지털 혁신이 단기적인 비용 절감에도 성공하지 못한다면 CDO의 생명은 그리 길지 못할 것이다. 디지털 혁신은 양방향 혁신이므로 CDO는 혼자 일할 수도, 혼자 성공할 수도 없다. 따라서 기술적인 부분을 조직문화로 정착시킬 수 있도록 소통하며 인재를 양성해야 한다. 혁신 초기에는 과거의 PI[10]를 진행하던 방식처럼 업무를 모르는 사람이 과감하게 추진하고, 고도화의 기간에 PI의 블랙벨트[11]나 마스터 블랙벨트[12] 같은 기량의 직원이 생겨나면 되는 것이다. 인공지능이나 머신러닝은 수

·····

10 　프로세스 혁신(Process Innovation). 기업 활동의 전 부문에 걸쳐 불필요한 요소를 제거하고 효과적인 업무 프로세스를 재구축하여 기업가치를 극대화하는 경영개선 업무.

11 　경영혁신운동인 '6시그마 운동'의 리더. 프로젝트를 실질적으로 수행하는 전문 추진 책임자.

12 　경영혁신운동인 '6시그마 운동'의 테크니컬 리더. 각 프로젝트를 지도하고 블랙벨트를 교육 및 육성하는 전문 추진 지도자.

학적 또는 통계학적으로 어려운 점이 많으니 전문가를 영입해서 충성도 있는 직원으로 키우는 것도 바람직하다.

디지털 혁신은 데이터를 모으고 이용하는 것이다. 비단 회사의 업무적인 부분에만 국한되지 않는다. 모든 생태계에 적용해 본다면 IoT는 그야말로 무궁무진한 가능성이 있는 분야이다. 기계나 프로세스 중간에 나오는 데이터가 지금까지의 IoT 영역이라면, 이제부터는 생명으로부터 데이터를 수집하는 분야가 대단한 잠재력을 가지고 있다. 사람이나 동식물로부터 데이터를 수집한다면 현재까지의 데이터 크기와는 비교도 되지 않을 것이다.

머지 않아 디지털 이후의 세상이 다가올 것이며, 현재에 충실한 사람과 조직이 포스트 디지털 세상에서도 성공할 수 있을 것이다. CDO라는 직종이 그때에도 존재하려면 CIO와 CEO 틈에서 어느 한쪽으로 확실하게 전략적인 방향을 잡아야 한다. 미래의 CEO는 CDO의 능력을 겸비한 사람이 나타날 것으로 보인다. 구글, 애플, 페이스북, 아마존 등 성공한 디지털 기업은 지금 이 순간에도 더욱 빠르게 변하고 있다는 사실을 잊어서는 안 된다.

디지털 트랜스포머 'CDO'로 자리매김하기 위한 조건

ᐅ 김동철 공학박사, 유비케어 사외이사 · ⏱ 입력 2020.08.08 22:46 · 💬 댓글 0

조직에 있어서 CIO로 대변되는 IT담당 부서는 초기에는 비용만 엄청 들어가고 돈은 벌어오지 않는 계륵 같은 존재였다. 회사가 어려움에 직면하면 우선적으로 비용감축을 해야 하는 어려움 속에 빠르게 변화하는 기술을 도입하며 현재에 이르렀다.

지금은 상황이 정반대로 바뀌어서 IT만 잘 정비되어 있으면 모든 것이 정상적으로 운영될 수 있는 상황이고, 비용도 우선적으로 집행되어야 할 보호받는 집단이 되었다. 기업 내부를 크게 2가지 집단으로 분류하면 직원과 관리자, 영업과 비영업, 현장과 지원부서 등으로 나누어 볼 수도 있지만 IT와 타부서로 구분도 가능하다. IT부서는 다른 영역에 비해 기술이 빠르게 바뀌므로 IT직원과 타부서 디지털 격차는 점점 커지는 것이 당연하다.

비대면 기술이 발달하고 사회도 점차로 비대면에 대한 요구가 절박해지면서 조직 전체가 동일한 수준의 IT를 이용할 수 있어야 하는 시점이 됐다. 모든 부서는 IT 서비스로 연결돼 있고, 협업하는 동료나 영업 대상인 고객 조차도 비대면으로 대응해야 하는 상황이다. 그러나 아직도 지난 세상과 중첩되는 과도기적인 부분이 상당하므로 인쇄된 종이로 소통하는 일들도 수두룩하다. 관리 역량 부재로 아직도 근무 환경이 모바일을 지원하지 못하는 경우도 많다.

댓글 ∨

이*배

IT를 담당하는 임원인 CIO와 CDO의 역할이 상당 부분 중복됩니다. 기업 내부에서 안정적인 운영과 디지털 전환이라는 혁신을 동시에 추진하기 위해서는 CIO와 CDO를 합친 가칭 'CDIO(Chief Digital Information Officer)'의 역할이 필요합니다.

10
플랫폼 비즈니스 전성시대

길거리에는 유행을 타는 각종 상점들이 즐비하다. 특정 상품을 파는 상점이 우후죽순처럼 생기다가 일정 기간이 지나면 다른 상점으로 순식간에 바뀌어 있는 것을 볼 수 있다. 그냥 대수롭지 않게 가게 하나 바뀐 것으로 생각할 수도 있지만 상점 주인 입장에서는 사실 눈물을 머금고 폐업한 것이다. 노후자금을 1년 남짓한 자영업 현장 실습 비용으로 쓴 것이나 다름없으니 말이다. 기업체나 공공 기관에서 얌전히 일하다가 골목상권에 나오면 곧바로 삼국지의 전쟁터를 방불케 하는 현실을 마주하게 된다. 트렌드는 생각보다 빠르게 변하고 새로 생긴 비즈니스나 경쟁 업체의 공격은 밤낮을 가리지 않는다. 다단계나 금융사기에 휘말리지 않았더라도 스스로 이러한 상황을 맞이하는 경우가 허다하다.

4차 산업의 현장 속에서 앞선 사례는 개인의 문제뿐만이 아니다. 규모를 비즈니스 전략으로 채택하고 있는 대기업도 마찬가지다. 전국에 지점을 대규모로 운영하고 있는 업체들을 생각해 보자. 금융권은 골목마다 지점을 확보해야 했고 은행의 순위가 점포와 직원 수로 평가되던 때도 있었다. 지금의 은행은 규모와 상관없이 동일하게 스마트폰의 앱 하나로 들어와 있다. 어르신들도 손쉽게 스마트폰으로 금융 거래를 하는 세상이 된 것이다. 사실 간단한 자금 이동 정도는 은행을 통하지 않아도 될 정도로 핀테크가 일반화된 상황이다. 은행의 ATM^{현금자동입출금기}과 같은 자동화 기기의 사용률이 점차 낮아지고 있다는 사실이 이를 방증한다. 이런 추세라면 은행의 가치도 계속해서 떨어지게 될 것이다.

스마트폰은 몇몇 부유한 사람의 전유물이 아니다. 백만 원을 호가하는 고가의 전자 기기이지만 거의 전 국민이 스마트폰을 가지고 있다. 모바일 플랫폼이 형성된 것이다. 플랫폼은 두 가지 이상의 대상을 연결하는 역할을 한다. 모바일 플랫폼에서 해결할 수 있는 모든 일은 손 안에서 처리되고 상황이 종료된다. 비대면 거래가 강조되는 상황이라면 플랫폼으로의 이동은 더욱 가속화될 것이다. 플랫폼 비즈니스에서 영업은 강요하듯 하는 것이 아니다. 플랫폼 비즈니스에는 '상호 원윈' 원리가 저변에 깔려 있다. 배달을 주로 하는 모바일 플랫폼에서 소비자가 물품에 대한 추가 비용 없이 물건을 배송받는 경우가 바로 그 예이다. 골목상권은 약간의 비용으로 마케팅을 하여 영업 지역을 넓힐 수 있으며, 이와 더불어 전문적으로 배달을 하는 일자리가 늘어난다. 모바일 플랫폼 하나로 '일석삼조' 효과를 보는 것이다.

글로벌한 플랫폼 선두주자들은 생각만 해도 엄청난 주제들을 다루고 있다. 구글은 인공위성과 검색 알고리즘을 이용하여 세계를 하나의 권역으로 연결하고 있으며 인공지능으로 전 세계의 모든 언어를 자동으로 번역해 준다. 구글이 인공지능 플랫폼의 리더가 되겠다는 강력한 메시지를 띄운 것이나 다름없다. 아마존은 전 세계를 대상으로 한 전자 상거래의 원조이며 클라우드 플랫폼의 강자이다. 우리나라 기업들의 IT도 대부분 아마존 클라우드에 입점해 있다. 아마존이 자사의 고객을 상대로 한 금융 서비스를 개시한다면 핵폭탄급 영향이 생길 것이다.

유튜브는 동영상 플랫폼이다. 개인들도 자유롭게 활동하는 무대를 제공하는 유튜브는 회사와 개인들에게 특별한 인센티브를 제공하며 운영되고 있는데, 고전적인 방식으로는 잘 이해되지 않는다. 일정 횟수 이상의 조회수를 기록하는 동영상을 올릴 경우 개인 제작자들은 경우에 따라 상당한 인센티브를 받는다. 유튜브는 그러한 인기 동영상에 타사의 광고를 붙여 광고 수입을 올린다. 돈이 흘러가는 모델이 양방향을 넘어 삼자거래 또는 그 이상의 모델인 것이다. 전 세계인을 자극할 만한 충분한 동기를 제공하는 자극적인 비즈니스 모델이 아닐 수 없다.

플랫폼 비즈니스의 확산 시기에 오프라인에서는 어떠한 일들이 벌어지고 있을까? 주유소와 소방서 같은 서비스업은 지금과 같은 방식으로 존재해야 하겠지만 접근성을 고려한 재배치가 일어날 수 있다. 제조업은 생산만 하고 영업은 상당히 축소되는 반면 플랫폼상에서의 마케팅은 강화되어야 하겠다. 요식업에서도 재배치가 일어나고 있는데, 가령 프랜차이즈 업계의 음식점들은 푸드코트의 특정 구간을 점유해 한식, 양식, 분식 등 각종 음식을 동시에 맛볼 수 있도록 고객의 편의를 고려하고 있다. 또한 숙박업에서도 재배치가 일어나고 있다. 에어비앤비 같은 숙박 업체는 오프라인에서의 플랫폼을 구축해서 성공한 사례이다. 개인 집의 남는 방을 여행자에게 저렴하게 공급하자는 취지인데, 전 세계에 호텔을 수백 개 이상 건설하는 혁신적 효과를 단숨에 가져왔다. 물론 예약 및 정산은 모바일 플랫폼에서 이루어진다.

새로이 가전제품을 만들겠다고 시장에 뛰어드는 업체가 있다면 어떻게 생각될까? 이제 와서 범용 컴퓨터와 Windows 대체품을 만들겠다고 하면 가능할까? 전혀 불가능한 것은 아니겠지만 기존 업체들이 지난 수십 년간 쌓아온 지적 재산을 따라 잡으려면 상당한 노력과 시간이 필요할 것이다. 그리고 그렇게 노력하는 사이에 시장은 또 다른 모습으로 변화할 것이라는 건 누구나 예측하기 쉬운 사실이다.

아마존의 클라우드 플랫폼은 모든 IT를 포용했다. 유튜브는 콘텐츠 제작 비용이 무료다. 에어비앤비는 무료로 개인들의 빈 공간 정보를 획득했다. 뭔가 다르지 않은가? 창의적인 발상과 실행력으로 기업의 가치를 엄청나게 올려놓은 것이다. 이런 선진 서비스를 막으려고 법 제정까지 하는 나라들이 있다. 자국의 시장을 보호하려는 시도일 수 있겠지만 장기적으로는 자국의 경쟁력을 저하시키는 양날의 칼이다. 플랫폼 비즈니스는 대세를 떠나 자기들끼리 결합해서 더 큰 플랫폼을 만들 것이다. 성공적인 플랫폼 비즈니스를 만들어 내지 못한다면 그 안에서 자리라도 단단히 잡아야 할 것이다.

한국경제

[기고] 플랫폼 비즈니스 전성시대

입력 2020.11.18. 오후 4:03 · 수정 2020.11.18. 오후 5:11

😀 공감   ◁)) 까가 ↰

길거리에는 유행을 타는 각종 상점들이 즐비하다. 특정 상품을 파는 상점이 우후
죽순처럼 생기다가 일정기간이 지나면 다른 상점으로 순식간에 바뀌어 있는 것
을 볼 수 있다. 그냥 대수롭지 않게 가게 하나 바뀐 것으로 생각할 수도 있지만 상
점 주인 입장에서는 사실 눈물을 머금고 폐업을 한 것이다. 노후자금을 1년 남짓
자영업 현장실습 비용으로 썼다고 할 수 있다. 기업체나 공공 기관에서 한길로만
일하다가 퇴직 후 골목상권에 나오면 삼국지의 전쟁터와 다름이 없다. 트렌드는
생각보다 빠르게 변하고 새로 생긴 비즈니스나 경쟁 업체의 공격은 밤낮을 가리
지 않는다. 다단계나 금융사기에 휘말리지 않더라도 스스로 이러한 상황을 맞이
하는 경우가 허다하다.

댓글 ∨

이＊호
플랫폼에 대한 중요성을 다시 한번 느낍니다. 유명 기업이 새로운 브랜
드를 런칭해도 온라인에서는 전혀 맥을 못 추는 걸 보면서 비즈니스의
어려움을 실감합니다.

11

플랫폼 천국의 'as a Service' 신드롬

학생들의 동아리에는 팀원들끼리 의견을 나눌 수 있는 가상의 공간이 있다. 그 공간에서는 단순한 이야기를 나누는 것 이상의 일들이 진행된다. 비대면으로 공통의 관심사를 서로 가르치고, 기부금을 마련하기 위한 클라우드 펀딩을 시작할 수도 있으며, 해외 물품을 단체로 직접 구매할 수도 있다. 알고리즘을 잘 짜서 실행하면 제주도 여행 비용으로 외국에 가서 코로나 바이러스 예방접종을 받을 수도 있다. 기술을 연구하고 실용화되기까지 개발을 거듭하는 일은 결코 쉽지 않지만, 기술을 사용하는 소비자 입장에서는 이러한 최첨단 기술이 집약된 '서비스'를 통해 기술에 수월하게 접근하고 실생활에 사용할 수 있는 것이다.

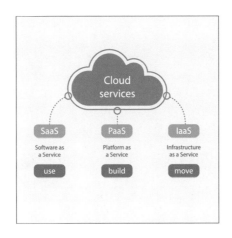

유연성과 신속성을 특징으로 가진 IT 기술은 클라우드 속에 공유경제 서비스 형식으로 존재한다. 서버와 네트워크가 필요하면 IaaS^{Infrastructure as a Service}에서 가져다 쓰면 되고, 소통이나 거래를 목적으로 미들웨어가 필요하다면 PaaS^{Platform as a Service}에서 손쉽게 선택할 수 있다. 특정 용도의 소프트웨어는 클라우드의 SaaS^{Software as a Service}에서 필요한 만큼만 사용하고 비용을 지불하면 된다. 앞서 동아리 사례에서 살펴본 다양한 일들을 클라우드 속에서 다양한 서비스의 조합으로 처리할 수 있게 되었다. 표현이 영어라서 처음 접하는 사람들은 조금 어색할 수도 있겠지만 일단 익숙해지고 나면 응용의 세계가 열린다. 모든 것에 서비스를 붙일 수 있게 되는 것이다.

우버 택시는 모든 자동차를 운송 서비스 시장으로 끌어들였다. 우버 택시의 고객은 운이 좋다면 아주 멋진 차를 탑승해 보는 기회를 가질 수도 있다. 에어비앤비는 일반 가정의 남는 방을 숙박 서비스의 플랫폼으로 구성했는데, 해외 출장 시 밋밋한 호텔 대신 가정집에서의 1박을 경험하는 것은 분명 색다른 경험이 될 것이다. 이처럼 소유와 사용을 분리함으로써 우버나 에어비앤비 같은 새로운 서비스가 탄생되었다.

이동과 만남을 분리해서 회의 서비스를 제공하는 플랫폼도 있다. 비대면으로 재택근무를 할 때 온라인 화상회의 플랫폼[13]에서 화면 배경을 사무실 환경으로 꾸미면 마치 여러 명이 한곳에서 일하는 듯한 느낌을 받게 된다. 버튼 하나로 녹화까지 할 수 있으니 오프라인에서 회의하는 것 이상의 효과를 낼 수도 있다.

매물의 정보 및 사진을 공유하는 부동산 서비스는 최근에 급격히 변하고 있다. 온라인에 힘입어 지역적인 한계를 벗어날 수 있는 부동산 서비스를 통해 부동산 복비 중개수수료 문제의 해결책도 찾을 수 있을 것으로 보인다. 최근 부동산 가격이 오르며 복비도 덩달아 올랐다. 따지고 보면 부동산에서 하는 일이 복비가 오른 만큼 변한 것은 아니다. 이러한 상황에서 인터넷 부동산 업체들이 가만히 있을 리 없다. 부동산 서비스 업체들은 수요자들과 지역 부동산의 사이를 벌리고 인터넷 반값 마케팅을 하고 있다. 물론 지역 부동산 사장님들의 반발이 있겠지만 최종 고객이 지역 부동산을 찾지 않는다면 상황이 어떻게 전개될지는 자명하다. 정부는 복비 구조를 줄여보려고 시간을 끌며 고민을 하고 있지만 시장에서는 이처럼 서비스라는 명목의 대응방안이 빠른 속도로 퍼지고 있는 중이다. 업체가 대형화된다면 수익의 일부를 고객에게 돌리

•••••
13 줌(Zoom)이나 구글 미트(Google Meet) 등의 온라인 화상회의 플랫폼.

는 아마존의 가격 전략을 모방할 것이고 복비의 급격한 하락이 가능할 것이다.

 같은 기술이라도 사용하는 목적이 반사회적일 수도 있다. 무기를 만드는 방법을 가르쳐 주는 서비스, 작은 테러를 일으키는 서비스, 돈 세탁 대행 서비스, 폭력 서비스 등 뉴스에서 접하는 각종 사건 사고가 사실 서비스로 존재한다. IT 보안은 해커와의 싸움이다. 최근 해커들은 새로운 서비스 모델을 다크 웹[14]에 공공연히 광고하고 있다. 해커가 되고 싶지만 기술이 부족한 사람들을 위한 'Hacking as a Service', 그와 유사한 서비스인 'Phishing as a Service', 'DDoS as a Service', 'Hacker Hiring as a Service' 등을 이용하면 일반인도 전문 해커처럼 활동할 수 있게 된다. 가짜 사이트로 유인해 사기 범죄를 저지르는 '피싱'을 알려주는 'Phishing as a Service'는 가짜 도메인과 로그인 페이지, 스팸 메일 대량 발송 서버를 손쉽게 사용할 수 있도록 도와준다. 최근에 일어난 미국의 콜로니얼 송유관 해킹 사고도 'Ransomware as a Service'를 비즈니스 모델로 하고 있는 다크사이드의 공격이라고 한다.

 태어나면서 죽을 때까지 우리는 알게 모르게 크고 작은 서비스를 주고받으며 살고 있다. 태어나고 죽는 것은 누가 대신해 줄 수 없지만 이러한 인생의 갈림길에도 서비스를 연결할 수 있다. 출생은 병원이나 조산원의 출산 관련 의료 서비스와 맞닿아 있고, 죽음은 응급실과 호스피

<hr>

14 일반적인 검색 엔진으로 찾을 수 없고 특수한 웹브라우저를 통해서만 접근할 수 있는 웹. 초기에는 안전한 통신을 목적으로 구축되었으나, 이후 사이버상에서 마약, 성 착취물 등 범죄에 활용되며 범죄의 온상으로 알려지게 되었다.

스 병동, 그리고 장례식으로 이어지는 일련의 서비스와 관련되어 있다. 물리적인 부분 이외에 갓난아이를 축복하고 고인을 애도하는 종교적인 부분도 서비스가 될 수 있다. 사회적 거리 두기가 지속되는 요즘은 최소의 인원만 모이는 추세이므로 비대면 서비스를 이용하여 지인들 간에 소식을 전하고 애경사를 나눈다. 우리는 핸드폰이나 개인용 컴퓨터를 통해 플랫폼에 접속하지만, 그것들은 사실 어딘가에 존재하는 클라우드 안에서 서비스들의 조합으로 작동하고 있다.

영화나 드라마에서나 나올 법한 이야기들을 현실에서 구현하는 것이 점점 수월해지고 있다. 개중에는 인간의 부정적 감정을 부추겨 나쁜 일들이 일어나길 바라고 그로 인해 이익을 얻고자 하는 것들도 있다. 이러한 말초적인 세태의 반대편에 있는 가치가 바로 윤리를 포함한 인문학이다. 최근에 퍼지고 있는 기업의 ESG[15] 경영도 그러한 축을 가지고 있다고 봐야 한다. 또한 서비스화가 가속되는 현상은 소비자들의 요구에 따른 측면이 많기에 소비자의 ESG도 함께 생각해 봐야 한다.

.....

15 기업의 환경(Environment) · 사회(Social) · 지배구조(Governance)를 뜻하는 말. 기업이 친환경, 사회적 책임 경영, 지배구조 개선 등 투명 경영을 고려해야 지속 가능한 발전을 할 수 있다는 철학을 담고 있다.

아시아투데이

[김동철 칼럼] 플랫폼 천국의 'as a Service' 신드롬

기사승인 2021. 06. 14. 18:01

기술의 발달을 이끄는 것은 어려운 일이다. 그러나 기술을 소비하는 입장에서는 최첨단의 기술적 집약을 보다 수월하게 접근하고 사용하게 되었다. 학생들의 동아리에는 팀원들끼리 의견을 나눌 수 있는 가상의 공간이 있다. 그 공간에서는 단순한 이야기를 나누는 것 이상의 일들이 진행된다. 비대면으로 공통의 관심사를 서로 가르치고, 기부금을 마련하기 위한 클라우드 펀딩을 시작할 수도 있으며, 해외 물품을 단체로 직접 구매할 수도 있다. 알고리즘을 잘 짜서 실행하면 제주도 여행비용으로 외국에 가서 코로나19 예방접종을 받을 수도 있다.

댓글 ⌄

신*종
넷상 정보 소비자의 윤리 의식이 필요하다는 것에 매우 공감합니다.

조*형
소비자의 ESG! 시의적절한 지적입니다!

12

마이
빅데이터

빅데이터가 세상에 화두로 던져진 지 10년이 넘었고, 이제야 비로소
국가적으로 데이터를 모으는 작업이 시도되고 있다. 지금은 빅데이터
를 넘어 데이터 레이크[16]라는 개념이 국가 발전 계획에 나오는 주제로
자리매김하였다. 현시점에서는 무엇을 위해 빅데이터를 만드는지 질문
하기보다 만들어진 빅데이터로 무엇을 할 수 있는지 생각해 보는 것이
미래를 바라보는 적절한 시각이라고 생각한다.

빅데이터에 관한 초미의 관심은 개인들이 만들어 내는 정보를 활용

· · · · ·

16 모든 유형의 데이터를 원본 그대로 저장할 수 있는 통합 데이터 저장소. 방대한 양의 데이터를 수집하
    고 이후 목적에 맞게 활용한다.

하는 것에 있다. 불과 몇 년 전까지만 해도 국민들은 각자가 무슨 데이터를 제공하고 그것이 어떻게 쓰이는지에 대해서 크게 관심을 갖지 않았다. 그러다 보니 본인과 관련된 데이터의 소유권이라는 말도 생소하기만 했다. 하지만 여기저기 산재된 개인 데이터가 이런저런 보안 사고를 당하며 데이터의 중요성이 사회 문제로 대두되었다. 그리하여 2020년 9월, 소위 데이터3법이라고 하는 개인정보보호법, 정보통신망법, 신용정보법의 개정안이 의결되었다. 간단히 말해 데이터3법은 개인 데이터를 익명으로 처리하면서 국가 기관들 간 중복적인 개인 정보 규제를 제거하고 정보를 합법적으로 활용할 수 있게 하는 것이다.

이러한 추세가 만들어낸 용어가 마이데이터이다. 데이터를 보관하고 있던 기관들이 데이터의 소유권을 가지는 것이 아니라는 것이다. 데이터의 소유권은 정보를 제공한 개인에게 있으므로 각 개인은 흩어져 있는 본인의 데이터를 쉽게 받아서 활용할 수 있어야 한다. 금융 기관이 이 분야에서 앞서가고 있기는 하지만 사람들이 본인의 데이터를 어떻게 잘 활용할 수 있는지 알기까지는 시간이 좀 더 필요할 듯하다.

옛 선조들은 사람은 죽어서 이름을 남긴다 했지만 현대인들은 태어나면서부터 한평생 동안 데이터를 남긴다. 종류도 다양하다. 행정 기관에 분산되어 있는 데이터, 교육을 받으면서 교육 기관에 보관되는 데이터, 병원에 있는 건강에 관련된 헬스케어 데이터, 신용 정보와 관련된 금융 기관의 데이터, 사회생활을 하면서 만들어 놓은 데이터, SNS에 남겨놓은 정보의 부스러기, 스마트폰에 남겨진 기가바이트 급의 자료들. 대충만 봐도 현기증이 일 정도로 방대한 양의 데이터가 나를 가리키고 있다. 그런데 갑자기 이러한 데이터의 소유권이 나에게 있으니 요긴하게 사용하라고 한다. 소유하고 있으면 관리도 해야 하는데, 가능할까?

| 출처 최윤섭 저 | 클라우드나인 |
2020

과학의 발달은 데이터를 폭발적으로 증가시켰다. 미래의료학자 최윤섭 박사의 저서『디지털 헬스케어』에 따르면 개인 유전 정보 활용은 이미 시작되었다. 13년간 270억 달러가 투입된 게놈 프로젝트는 30억 쌍의 인간 유전자 조합을 읽어내는 것이었다. 게놈 프로젝트는 2003년에 완성되었고 이러한 과학의 진보는 개인 유전자 정보 분석의 시대를 열었다. 미국에서는 관련 서비스가 상용화되었는데, 현시점에서는 몇 시간이면 한 사람의 유전자를 분석해낼 수 있다. 비용도 백만 원 안팎에 불과하다. 그런데 개인이 소유하고 있는 유전자의 정보를 마이데이터로 부르기엔 커도 너무 크다. 마이 '빅'데이터라고 해야 될 것이다.

유전자 인자들이 어떠한 영향을 주고받는지는 인공지능을 이용하여 분석해야 한다. 유전병 등 각종 질병을 사전에 예방할 수 있는 방법이 여기에 있다. 각종 질병에 대한 위험도가 얼마나 높은지를 알 수 있고 약물에 대한 민감도 정보를 알아낼 수 있다. 또한 유전병의 인자를 보유하고 있는지 여부도 알 수 있다. 2013년 안젤리나 졸리는 유전자 검사를 통해 유방암 확률이 높은 것을 확인하고 유방 절제술을 받았다. 이 사건을 계기로 유전자 검사에 대한 대중의 관심이 커져 미국 FDA는 개인이 병원을 거치지 않고 직접 유방암 유전자 검사를 할 수 있도록 허가했다. 세계적으로 유전자 검사를 하려는 사람의 수가 폭증하고 있지만 아쉽게도 우리나라에서는 이러한 비즈니스가 불법이다. 법이 과학의 발전을 따라가지 못하고 있는 동안 한국 사람들의 유전자 데이터는 해외 기관에 쌓이고 있다.

마이데이터가 성숙 단계에 이르면 세상은 어떻게 변할까? 우리는 엘빈 토플러가 예상했던 미래에 살고 있다. 또 다른 미래학자인 유발 하라리는 인공지능이 보편화된 미래를 예견하고 있다. 다소 과격한 변화를 그려보면 이렇지 않을까? 교육부 포털에 나의 모든 졸업 증명서를 달라고 말로 요청하면 즉시 등록된 메일로 받아 볼 수 있을 것이다. 그뿐만 아니라 말 한마디로 나의 모든 금융자산 내역을 볼 수 있게 되어 은행, 증권, 보험 등에 관련된 자산과 그 외의 게임에 예치된 돈과 스타벅스에 맡겨 놓은 돈까지 모두 한눈에 파악할 수 있을 것이다. 한발 더 나아가 내가 사망한 뒤에 유족들은 내가 숨겨 놓은 돈을 쉽게 찾을 수 있을 것이며, 결혼 상대자를 고를 때 유전자 정보를 교환하여 2세에서 발생할 수 있는 안타까운 유전병 가능성을 줄일 수도 있을 것이다.

개인의 허락을 전제로 개인의 모든 정보를 이용할 수 있다. 이제부터는 회사나 공공 기관에 내는 서류는 새로운 데이터만 내면 될 것이다. 입사 서류에 첨부되는 각종 졸업과 성적 증명서는 회사가 직접 학교에 확인하면 된다. 자기 소개서는 새로 만들어진 데이터이므로 작성해서 제출을 요구하면 된다. 국세청의 연말정산 프로세스는 이의 신청만 받는 정도로 간소화될 것이다. 바야흐로 데이터의 주권이 생긴 것이다. 데이터를 모으면 힘도 되고 돈도 된다. 우리의 시간은 유한하지만 데이터의 시간은 다르다. 마이데이터를 위한 기본적인 법들이 이제 막 태어나기 시작했다. 사후의 마이데이터는 법적으로 어찌 될지 궁금하다. 이런 것도 이슈를 제기하는 사람이 있을지 모르겠다.

한국경제

[기고] 마이 빅데이터

입력 2021.03.10. 오전 8:50

😊 5

빅데이터의 화두가 세상에 던져진 것도 이제 10년이 넘는다. 비로소 국가적으로 데이터를 모으는 작업들이 시도되고 있다. 데이터 레이크라는 개념이 국가 발전 계획에서 나올 만한 주제로 자리매김하였다. 무엇을 하기위해 빅데이터를 만드는가 하는 질문은 4차산업 시대에는 적절하지 않을 수 있다. 만들어진 빅데이터로 무엇을 할 수 있을지를 생각해 보는 것이 미래를 바라보는 적절한 시각이라고 생각한다.

빅데이터의 초미의 관심은 개인들이 만들어내는 정보의 활용에 있다. 불과 몇 년 전까지만 해도 국민들은 각자가 무슨 데이터를 제공하는지 어떻게 쓰이는지 크게 관심을 갖지않았고, 당연히 본인에 관련된 데이터의 소유권이라는 말도 생소해 보였다. 하지만 여기저기 산재해 있던 개인 데이터들이 이런저런 보안사고를 당하면서 데이터에 대한 중요성이 사회문제로 대두되었다. 2020년 9월에 개인 데이터를 익명으로 처리하면서, 국가 기관들 간에 중복적인 개인정보의 규제를 제거하고 정보의 합법적인 활용을 가능하게 하는 소위 데이터3법이라고 하는 개인정보 보호법, 정보통신망법, 신용정보법의 개정안이 의결되었다.

댓글 ∨

방★찬
모든 데이터가 한번에 털릴 위험도 있으니 조심해야 합니다. 다른 면으로는 빅데이터 관상도 나오겠습니다.

13
빅데이터의 속도

빅데이터를 이야기할 때 막연히 교과서처럼 발표하는 내용이 있다. 빅데이터라는 이름에 걸맞게 데이터의 크기가 커야 하고[Volume], 다양한 종류의 데이터가 어우러져야 하며[Variety], 빠르게 변화하는 속성을 가지고 있어야 한다[Velocity]는 것이다. 그중 빠르다는 속성이 현대 사회에서 어떻게 작용하는지 인지하고 활용한다면 그것은 지금 우리가 당면한 문제를 해결함에 있어 상상 이상의 의미를 지니게 된다. 전 세계 사람들은 직간접적으로 어떠한 경로를 거쳐서 연결되어 있다. 이러한 연결 경로나 거기에 있는 데이터를 어느 한 사람이나 기관이 독점하고 있다면 그 가치는 어마어마할 것이다.

1983년 KBS가 실시한 이산가족 찾기 행사는 78%라는 경이로운 시청률을 기록하였다. 10만 건의 신청이 접수되었으며, 여의도 방송국을 찾은 이산가족이 5만 명에 이르렀다. 180여 이산가족이 방송을 통해 극적인 상봉을 하는 각본 없는 드라마가 연출되었다. 이산가족이 나란히 옆자리에 앉아서 가족을 애타게 찾다가 우연한 기회에 서로를 알아보는 경우도 있었다. 일제의 침략과 한국전쟁을 겪는 와중에 헤어지고 30년이 넘게 흘렀기에 바뀐 모습을 알아보기가 쉽지 않았던 것이다.

핸드폰도 컴퓨터도 없었던 시기에는 TV가 가장 강력하고 빠른 매체였다. 그러나 지금의 기준으로 바라보면 매스미디어를 넘어선 개인 간의 연결에 있어서는 한계가 여실히 드러난다. 현대의 기술로 이산가족 찾기를 다시 한번 해본다면 어떨까? 이전처럼 TV 소재거리가 되기 쉽지 않을 것이다. 방송국의 도움 없이 개인들이 스스로 해낼 수 있기 때문이다. 그리고 바로 이것이 모든 사람이 연결된 빅데이터의 힘이다.

| 출처 리처드 와이즈먼 저/한창호 역 |
웅진지식하우스 | 2008

리처드 와이즈먼의 『괴짜심리학』에는 스탠리 밀그램의 작은 세상 실험이 등장한다. '작은 세상' 현상은 파티에서 우연히 만난 사람이 알고 보니 서로 아는 사람이었다는 것으로, 조사 표본의 70% 이상이 이러한 현상을 경험했다고 한다. 밀그램은 특정 인물에게 소포를 전달할 때 간접적으로 아는 사람을 통해 전달하면 몇 명을 거쳐서 도달하는지를 실제 실험을 통해서 알아보고자 했다. 이때 나온 숫자가 6명이었다. 어디에 사는 누구든지 6명을 거치면 소포를 배달할 수 있다는 것인데, 요즘 같은 SNS 세상에서는 3명만 거치면 지구상의 누구와도 연결될 수 있다는 것으로 발전되었다. 이렇듯 모든 사람들이 실시간으로 소통하는 네트워크로 연결된 덕분에 이전에는 1달 이상 소요될 일을 이제는 1시간만에 처리할 수 있게 되었다. 이 같은 네트워크 데이터는 사람들이 자발적으로 참여하여 만들어진 것이라는 데 큰 의미가 있다. 우리는 알게 모르게 모두 빅데이터의 프로슈머[17]로서 가치를 누리는 것이나 다름없다. 이러한 가치를 조금 더 심도 있게 다루다 보면 특정 분야의 집단 지성을 이루기도 한다.

　빅데이터의 속성으로 일하는 시간을 단축하는 것은 사실 기초적인 효과이다. 미래를 정확히 예측하기는 어렵겠지만 SNS의 데이터를 들여다 보면 사람들이 나누는 대화 속에서 질병의 확산에 대한 단서를 더욱 빠르게 알아낼 수 있다. 감기도 초기에 잡아야 하듯이, 팬데믹도 이러한 정보로 한발 빠르게 대응한다면 상당한 효과를 볼 수 있을 것이다. 사람들이 SNS에 풀어놓는 데이터들은 일기장처럼 개인의 속마음을 담고 있기도 하다. 이것들을 모아본다면 대중의 속마음을 미리 알아내는 것도 가능해질 것이다. 전화로 여론조사를 진행할 때는 아무리 익명이라고 한들 속마음을 털어놓지는 않는 경우가 많다. 그렇기에 보완적인

‥‥‥‥
17　생산자(producer)와 소비자(consumer)를 합친 말. 기업의 제품 개발, 생산 과정에 소비자가 직간접적으로 참여하는 방식으로 소비자의 의견을 수용하여 고객만족을 최대화한다.

측면에서 SNS 데이터를 활용하는 것은 진실을 알아내는 데 유의미한 빅데이터적 접근이라고 본다.

도시를 스마트하게 만들려면 무엇이 필요할까? 우선 사람과 시스템이 위험을 감지할 수 있도록 알리는 기능을 갖춰야 한다. 예를 들어 도로의 특정 구간에 포트홀이 생겼다면 그 구간에 접근할 가능성이 있는 차량과 운전자들에게 모든 방법을 동원해 알람을 전달해야 한다. 만약 운전자가 이를 미리 알지 못하고 포트홀 발생으로 막힌 지점에 도착해서야 상황을 인지한다면 2차 사고로 이어질 위험이 있다. 그에 따라 도시 서비스에 대한 시민들의 불만족도가 높아지고 납세에 회의적인 태도를 보이게 될 수도 있다. 이러한 맥락에서 가로등의 수명이 다해 길가가 어두워졌다면 반드시 사전에 공지해야 한다. 한발 더 나아가 기물이 고장나거나 수명이 다하기 전에 미리 재정비 조치를 실시하는 것이야말로 진정으로 빅데이터의 효과를 보는 길이라 할 수 있다.

현재 빅데이터가 형성되는 시간은 과거와는 비교가 되지 않을 정도로 빠르다. 인위적으로 생성된 데이터를 모아 데이터 레이크를 만드는 일은 향후의 쓰임새 측면에서는 그다지 긍정적이지 않을 수도 있다. 문제 해결을 위한 빅데이터라기보다는 빅데이터 자체가 목적인 경우가 많기 때문이다. 그러나 명확한 목적을 가진 빅데이터는 의외로 부가적인 효과를 가져올 수도 있다. 의도된 빅데이터이기에 인지하고 모으는 데 시간도 그다지 오래 걸리지 않고 말이다.

요즘 많은 사람들이 중고거래 플랫폼을 이용하고 있다. 거래를 할 때 저절로 쌓이는 데이터는 그 자체로 순식간에 만들어지는 빅데이터이며, 이렇게 활성화된 중고거래 장터는 의외로 사회의 골칫거리를 해결하고 있다. 물건은 버리는 데에도 돈이 든다. 각 개인이 집에서 잠자고 있는 물건을 돈을 들여 버리지 않고 소액이라도 받고 팔면 당장은 작은 돈을 절약한 거지만, 거시적으로 보면 큰 비용을 줄인 것이다. 그리고 사회도 자연히 이러한 리사이클링의 효과를 누리게 된다. 우리 사회에서 쓰레기매립장을 한곳 확보하는 것이 얼마나 어려운지 누구나 잘 알 것이다. 개인의 필요에 의한 중고거래가 결과적으로 사회적 비용 절감과 환경 오염을 줄이는 데에도 도움이 되는 것이다. 누군가 이러한 중고거래 장터를 독자적으로 만들려고 생각했다면 처음에는 물품의 목록이나 가격을 만들어 내느라 상당한 시간과 노력을 들여야 했을 것이다. 빅데이터를 생각하는 사람들이 한번 더 고민해야 할 부분이다.

[기고] 사회 문제 해결하는 빅데이터의 속도 /김동철

김동철 베스핀글로벌 고문 | 2021.04.05 19:32

빅데이터를 이야기할 때 막연히 교과서처럼 발표하는 내용이 있다. 빅데이터는 우선 데이터의 크기가 이름에 걸맞게 커야 하고(Volume), 다양한 종류의 데이터가 어우러져야 하며(Variety), 마지막으로 빠르게 변화하는 속성을 가지고 있다(Velocity)는 것이다. 이중에서 빠르다는 속성이 현대사회에서 어떤 의미를 갖는지 아는 것은 코로나와 같은 당면한 문제를 해결함에 있어 상상 이상의 의미를 지닌다. 세계인들은 직간접적으로 어떠한 경로를 거쳐서 연결돼 있다. 이러한 연결 경로의 데이터를 어느 한사람이나 기관이 독점한다면 그 가치는 엄청날 것이다.

리처드 와이즈만의 '괴짜심리학'(Quirkology, 2008)에서는 '작은 세상이라는 현상'을 인지한 스탠리 밀그램의 실험이 등장한다. 70% 이상의 사람들이 경험했다는 작은 세상은 파티에서 우연히 만난 사람이 알고 보니 서로 아는 사람이었다는 것이다. 밀그램은 특정인에게 간접적으로 아는 사람을 통해 소포를 전달한다면 몇 명을 거쳐 도달하는지를 실험으로 알아보고자 했다. 세상 누구와도 6명을 거치면 소포를 배달할 수 있다는 것인데, 요즘 같은 SNS 세상에서는 3명만 거치면 지구상의 누구와도 연결 가능한 것으로 발전됐다. 한 달 이상 소요될 것이 1시간에도 가능한 일이 돼 버렸다. 모든 사람이 실시간 네트워크로 연결돼 있기에 가능해진 현상이다. 네트워크 데이터는 사람들의 자발적 참여로 만들어진 것이라는 데 의미가 있다. 우리는 알게 모르게 모두 빅데이터의 프로슈머로서 가치를 누리고 있는 것이다.

14

집계, 통계 그리고 빅데이터

선거 때마다 뉴스는 여론 조사로 표심의 향방을 국민에게 알리느라
여념이 없다. 주요 후보들에 대한 국민의 지지도가 근소한 차이라면 '오
차범위 내 접전'이라는 용어를 사용해 통계적으로 별 차이가 없음을 전
한다. 그리고 기왕 돈을 들여 여론 조사를 하는 김에 몇 가지 질문을 추
가해 유권자의 선택에 대한 설명을 더하는데, 나이대별, 지역별 선호도
차이를 지도로 보여주기도 하고, 인물과 정당의 지지도가 동일한지 아
닌지 등을 파악해 알리기도 한다. 이러한 대국민 여론 조사를 실시하는
기관에서는 소수의 의견이 최대한 전체를 반영할 수 있도록 가능한 모
든 소집단에서 동일한 확률로 표본을 수집하는 계획을 수립한 후 의견
을 수집한다. 이것이 집계 과정이다.

전화 통화로 간단한 몇 가지 문항을 물어 선거의 결과를 예측하기는 상당히 어렵다. 문항은 대부분 단편적인 것이라 그 결과물은 기껏해야 개인들의 결과를 집계해서 여러 가지 그룹으로 분류하여 보여주는 초기적인 올랩[18] 기능에 불과하다. 여기서는 기계적인 데이터의 나열과 간단한 분류에 의한 도식화가 종착역이다. 선거캠프에서 이러한 여론 조사 결과를 보고 정밀한 전략을 세울 수 있을까? 경쟁에서 이기려면 이보다 더 많은 데이터가 필요하다. 다양한 데이터는 여러 각도에서 인과관계를 분석하는 데 도움이 되며 수많은 전략들 중 가장 효과적인 것을 찾아내어 수행할 수 있게 해준다. 그리고 이 지점에서 통계라는 마을로 진입하게 된다.

어떤 일이든 데이터를 구하는 행위에는 목적이 있다. 선거 이외에도 정부의 모든 부처는 행정 업무에 대한 데이터를 저장하고 있으며, 그러한 데이터를 근거로 국가가 운영되고 있다. 요즘처럼 일자리에 대한 이슈가 커졌을 때는 노동부의 실업 급여 지급이 직장인들 사이에서 화제일 수 있다. 직장인은 회사의 사유로 또는 본의 아니게 사직을 하게 되었을 때 재직기간 동안 들어 놓은 실업 급여를 받을 수 있다. 그러나 여러 가지 이유로 부정 수급자가 적지 않은 것이 현실이다. 복잡한 집계 자료와 초보적인 통계 분석으로는 부정 수급자를 가려내거나 예측하기 어렵다. 과학 수사하듯이 데이터를 마음대로 요리해서 모델을 만들어

·····
18 OLAP(On-Line Analytical Processing). 사용자가 동일한 데이터를 다양한 관점에서 분석할 수 있도록 지원하는 기술.

내야 한다. 곳곳의 연구소에서 데이터 과학자들이 보이지 않는 손으로 서 이러한 일들을 하고 있다.

질문을 잘하는 사람은 질문을 구체적으로 하는 사람이다. 진짜로 관심이 있다면 질문이 구체적일 수밖에 없다. 선거에서 특정 후보자에 대한 지지율이 30대와 60대 연령층에서 확연하게 높다면 왜 그런지 당연히 궁금해야 한다. 실업 급여의 부정 수급 사례가 특정한 지역에서 많이 발생한다면 왜 그런지 이유를 밝혀야 한다. 어쩌면 또 다른 원인이 있을 수도 있다. 집계와 올랩으로 이러한 현상을 초기에 전반적으로 알아낼 수 있다. 여기에 추가적인 데이터 확보와 더불어 인과관계를 파헤치는 전문적인 손길이 더해진다면 논문 수준의 심오한 결과를 얻게 될 것이다. 아울러 그에 따른 실행 계획도 세울 수 있을 것이다. 이러한 실행 계획을 구체화하기 위한 단계에 빅데이터가 등장한다.

세상이 어려울 때는 복지부에서 각종 바우처 사업을 통해서 어려운 사람들을 돕는다. 그러나 바우처 사업이란 게 반드시 의도한 대로 흘러가지는 않는다. 불법으로 바우처를 획득하고 거래하는 경우가 뉴스에 등장하곤 한다. 전 국민을 부정 수급자로 의심할 필요는 없다. 필요한 사람들에 한해 적절한 절차를 더한다면 미연에 방지할 수도 있다. 전자 정부의 고도화가 십 년 이상 진행되고 있으므로 부처별로 흩어져 있는 데이터 웨어하우스[19]를 연동해서 빅데이터를 구현한다면 그것을 데이

<hr>

19 자료(data)와 창고(warehouse)를 합친 말. 방대한 조직 내에 분산 운영되는 데이터베이스 시스템에서 의사결정에 필요한 데이터를 추출하여 원하는 형태로 변환하고 통합한 데이터 저장소.

터 레이크라 불러도 좋겠다. 그리고 이렇게 한데 모아진 데이터를 바탕으로 다음과 같은 질문을 할 수 있다.

- 복지부의 바우처 부정 수급자는 노동부의 실업 급여 부정 수급자와 어떤 관계가 있을까?
- 국세청의 자료와 연계해서는 어떤 특징을 발견할 수 있을까?
- 그들은 SNS상에서 어떤 식의 대화 패턴을 드러낼까?
- 부정 수급자 모델과 10% 근접한 사람들의 리스트를 추출한다면 어떠한 특징이 도출될까?
- 이들은 진짜로 부정 수급자로 드러날 것인가?

빅데이터가 제대로 의미를 부여하기 시작한다면 '부정 수급의 원인이 되는 숨어 있는 변수를 찾아내 미연에 방지하는 프로세스'를 효과적으로 만들 수 있을 것이다. 군에 관심사병이 있듯이 사회에는 '관심시민'이 있을 수 있다. 자칫 관심이 지나쳐 개인 정보 오남용이나 사회적 낙인으로 이어지면 안 되겠지만 말이다. 빅데이터 세상에는 인공지능 엔진이 작동하고 있다. 모든 데이터를 접속 가능한 상태로 만든다면 인공지능은 지치지도 않고 궁금증에 대한 결과를 도출할 수 있다.

자본 시장에서도 선의의 투자자를 보호하고 건전한 투자 문화를 양성하기 위해 빅데이터적인 접근이 필요하다. 투자를 받기 위해 서두르는 과정에서 데이터의 왜곡이 일어나게 마련이다. 기업 공개를 통해 자본을 조달한 기업의 경영 상태가 악화일로에 있다면 객관적인 분석이 이루어진 것이 아니다. 작은 사기업이 부도나는 것은 개인의 문제로 그치지만, 수천 명의 직원이 근무하는 중견기업 및 대기업의 부실은 사회문제로 이어질 수 있다. 더구나 그런 기업이 대규모의 투자까지 유치하고도 부도를 낸다면 그것을 사전에 막지 못한 책임도 뒤따른다고 본다. 시중에는 대규모 금융기업이 관련된 사모펀드 사건이 한두 가지가 아니다. 객관적이고도 투명한 빅데이터적인 절차는 이러한 문제를 해결하고 긍정적인 뉴스가 있는 저녁 시간을 만들어 줄 수 있을 것이다.

집계, 통계 그리고 빅데이터

△ 김동철 공학박사(베스턴글로벌 고문) · ⓒ 입력 2021.05.20 09:18

선거때마다 뉴스는 여론조사로 표심의 향방을 국민에게 알리느라 여념이 없다. 주요 후보들에 대한 국민의 지지도가 근소한 차이라면 오차범위내 접전이라는 용어를 써서 통계적으로 차이가 없다는 말을 돌려서 말한다. 기왕에 돈을 들여 여론 조사를 하는 것이니, 몇가지 질문을 추가해서 조사대상자들이 어떤 답을 하였는지에 대해 설명을 더 한다.

나이대별과 지역별 선호도의 차이를 지도로 보여주기도 하고, 인물과 정당의 지지도가 동일한지 아닌지 등의 설명을 전한다. 이러한 대국민 여론조사를 실시하는 기관에서는 소수의 의견이 최대한 전체를 반영할 수 있도록 가능한 모든 소집단에서 동일한 확률로 표본을 수집하는 계획을 수립한 후 전화번호 등의 연락처로 의견을 수집한다. 이건 집계라고 봐야 한다.

전화 통화로 간단한 몇가지의 문항을 물어서 선거의 결과를 예측한다는 것은 어려운 일이다. 문항은 대부분 단편적인 것이다. 그 결과물로 할 수 있는 것은 기껏해야 개인들의 결과를 집계해서 여러가지 그룹으로 분류하여 보여주는 초기적인 올랩(OLAP/On-Line Analytical Processing) 기능이라고 해겠다. 여기서는 기계적인 데이터의 나열과 간단한 분류에 의한 도식화가 종착역이다.

댓글 ⌄

Gil**
매번 빅데이터, 인공지능, 통계분석 등 전문 영역을 다루시면서 풍부한 상식과 사례를 곁들이시니 알쓸신잡 같은 데 나가셔도 될 거 같습니다. 유익한 정보 감사합니다.^^

김*현
빅데이터가 공간 정보와 연결되면 엄청난 파워를 가지게 됩니다.

15

IT의 경계를 벗어나면

IBM으로 대표되는 대형 컴퓨터의 시대는 지났다. HP와 SUN으로 대표되던 UNIX의 시대도 저물어 가는 참이다. 이에 따라 소프트웨어의 지형도 오픈소스 소프트웨어를 필두로 급속한 변화의 진통을 겪고 있다. 4차 산업혁명이라는 틀이 기존 IT의 경계를 허무는 일이 일어났고 IT는 전산실의 유리벽을 깨고 개인의 손 안으로 들어왔다. IT는 영역을 확대하기 위해 표준화를 통한 범용화를 전략으로 삼았고, 통했다. 지구의 자전과 공전처럼 IT는 보이는 것보다 빨리 진화하고 있으며 한 번 뒤처지면 따라잡기 힘들 정도로 공격적으로 범위를 넓혀가고 있다.

세상에는 IT 이전부터 존재했고 지금도 스스로를 개방하지 않은 채 존재 가치를 유지하고 있는 부분이 있는데, 바로 스마트팩토리로 대변되는 영역이다. 여기에서 사용되는 용어들은 일반 IT 종사자들에게도 생소하게 느껴질 수 있다. 실제로 다뤄보지 않았다면 PLC, MMI, MES, SCADA, PLM 등의 공장 용어들은 마치 처음 보는 외국어처럼 다가올 것이다. 이러한 스마트팩토리에서 활약하고 있는 업체들은 지멘스, 미쯔비시, GE 같은 기업들이다. 생산 공정에서도 IT에서와 마찬가지로 장비들 간에 명령과 데이터를 주고받으며 장비들을 통제하고 사전에 주문된 제품을 생산해 낸다. 공장을 방문할 기회가 생긴다면 이러한 프로세스와 장비들이 어디에 있는지 눈여겨보기 바란다. 작동하고는 있지만 잘 보이지 않는다. 이러한 현업과 공정상의 기술을 IT와 별개로 OT^{Operational Technology}라고 부른다.

IT와 OT는 영역이 다르다. 그래서 그저 이웃한 나라인 것 같지만 경쟁 양상을 띠는 부분도 있다. IT 영역에서는 제조 설비 장치를 만들지 못하지만 OT에서 다루는 데이터를 함께 다룰 수는 있는데, 이것이 4차 산업혁명에서 말하는 전형적인 IoT이다. 기업이 공장을 건설할 때 도입하는 장비에는 컴퓨터가 내장되어 있다. 가령 노트북이 내장되어 있는 경우, 틀림없이 이름도 생소한 설비 전문용어로 되어 있을 것이며 통상 노트북을 구매하는 비용의 수십~수백 배의 금액을 내고 있을 것이다. 실제로 수백만 원짜리 모니터인데 슈퍼 컴퓨터에 붙어있다고 수천만으로 견적되는 것을 직접 경험한 적도 있다.

현재 기업에서는 IT와 OT를 함께 보려는 시도가 진행되고 있다. 수십 년 전에 지어진 제조 공장은 사람이 바뀌면서 관리의 틈이 생기기 시작했다. 은행의 메인프레임[20] 컴퓨터에는 아직도 어셈블리어나 코볼 언어 같은 초기 언어로 작성된 프로그램들이 존재하지만 이젠 누구도 손대지 못하는 상태이다. 우리나라는 도입 이후 유지보수에 들어가는 돈에 극도로 인색한 경향이 있고, 그러다 보니 기술 단절과 인력 변화로 인한 위험을 논의하길 꺼린다. 공장에서는 이제 특정 장비가 어느 위치에 있는지, 주고받는 데이터는 어떠한 속성인지 알 수 없는 지경에 이르렀을지도 모른다. 최근에 생긴 CDO^{Chief Digital Officer}는 IT와 OT를 결합해서 CIO의 직무적 한계를 뛰어넘는다. 일례로 예지정비의 대상은 IT보다 OT쪽에 더 많이 존재한다. 제조 공장의 현장은 사무실 환경과 비교해 보면 마치 열대우림과 같다. 먼지, 습기, 자기장, 진동, 무중단 운영 시간 등으로 장비들의 피로도가 극심하다. 지금은 OT에서도

<hr>

20 대용량 메모리와 고속 처리 기능을 지닌 대형 컴퓨터. 조직 내 구성원이 동시에 사용할 수 있으며, 주로 금융 관련 전산업무, 전사적 자원 관리 같은 복잡한 작업 수행에 사용된다.

잘 짜여진 관리의 필요성이 강하게 대두되고 있는데, 이는 늦었지만 자연스러운 현상이다.

IT에서는 보안의 중요성이 거듭 강조되고 있다. 일단 사고가 나면 회사 전체에 치명적인 영향을 미치기 때문이다. 그러나 OT에서는 보안 사고에 대해 이제서야 인지하기 시작한 듯하다. 보안 사고는 참으로 머리가 좋고 공부도 많이 한 사람들이 영화 같은 스토리를 짜서 실행한다. IT 분야에서 암호화되지 않은 이메일은 손쉬운 먹잇감이다. 메일 내용 중에 있는 계좌번호를 살짝 바꾸는 것만으로 목적을 달성할 수 있다. 이들은 금전적인 손해를 입히는 것에 그치지만 OT에서 일어나는 보안 사고는 상해를 동반한 형사 사건을 유발한다. 공장을 멈추게 하거나 첨가물의 배합을 바꿀 수도 있다. 제약회사에서 이런 일이 일어난다면 살인 행위나 다름없다. 그러나 OT에서의 장비들이나 데이터 프로토콜 같은 분야의 표준화가 IT와는 다르므로 빠르게 진보하는 IT쪽에서 그러한 약점을 보완해 나가야 한다.

코로나 바이러스 백신을 만들고 치료제를 만드는 과정부터 식약처 허가를 득하는 절차를 마무리하기까지 수조 원이 들어간다고 한다. 설령 돈이 있더라도 자료를 제공하는 환자나 정부의 지원이 필수적이다. 어쩌면 우리가 모르는 사이 IT와 OT를 불문하고 백신과 치료제를 만드는 기술을 해킹해서 빼내거나 적국의 백신 생산을 무력화하려는 시도가 난무하고 있을지도 모른다. OT 측면의 보안은 이제 투자를 아끼지 말아야 하는 새로운 분야로 거듭났다.

공장에서 맞물려 회전하는 톱니바퀴가 마모되어 진동이 발생하면 정밀한 제조 공정에 치명적인 결함을 가져오게 된다. 이런 유의 장애는 말단의 센서 데이터를 분석하는 예지정비로 대처가 가능하다. 그러나 누군가가 시스템에 접근하여 용광로에 첨가하는 화학 약품의 용량을 맘대로 조작하면 되돌리기 어렵다. OT 측면에서도 파이어 월, 접근제어, 침입탐지, 망분리와 같은 IT적인 보안은 물론, 물리적인 특성이 가질 수 있는 모든 위험을 사전에 조치할 수 있도록 해야 한다.

한국에 세계의 백신 수탁 공장을 만들자는 논의가 한창이다. 가히 전세계 모든 해커들의 이목이 집중될 만한 뉴스이다. 한국이 그 모든 공격을 막아내기에 충분한 OT적인 제반 환경을 갖추고 있는지 다시 한번 돌아보며 기회의 여신은 오직 준비된 자에게만 화살을 쏜다는 사실을 기억해야 할 때이다.

한국경제

[기고] IT의 경계를 벗어나면

입력 2021.07.13. 오후 2:40

IBM으로 대표되는 대형 컴퓨터의 시대는 지났다. HP와 SUN으로 대표되던 UNIX의 시대도 저물고있다. 이에 따른 소프트웨어의 지형도 오픈소스 소프트웨어를 필두로 급속한 변화의 진통을 겪고 있는 중이다. 4차 산업혁명이라는 틀이 기존 IT의 경계를 허무는 일들이 일어나고 있다. IT는 전산실의 유리벽을 깨고 개인들의 손안으로 들어온 지 오래다. IT는 영역을 확대하기 위해서 표준화를 통한 범용화를 전략으로 삼았고 통했다. IT는 지구가 자전과 공전을 하듯 보이는 것보다 빨리 진화하고 있으며 한번 뒤처지면 따라잡기 힘들 정도로 공격적으로 스스로의 범위를 넓혀가고 있다.

댓글 ∨

신*종
아직 현장은 전반적으로 OT 데이터에 대한 중요성을 못 느끼고 있는 거 같습니다. 작업자의 노하우에 의존하는 점, 수많은 설비로 인한 데이터 크기, 그로 인한 DB 적재 문제, 각 설비별 데이터에 대한 정의 등의 이슈가 있다고 생각합니다. 인사이트를 주는 중요한 데이터지만 위와 같은 부분이 분석을 힘들게 하지 않나 생각해 봅니다.

DW***
"우리나라는 도입 이후 유지보수에 들어가는 돈에 극도로 인색한 경향이 있고, 그러다 보니 기술 단절과 인력 변화로 인한 위험을 논의하길 꺼린다." 현장에서 자주 접하는 안타까운 내용입니다.

이*훈
오호, 그 분야를 OT라고 하는군요. 최근 몇몇 제조사 프로젝트를 수주했는데, 가서 직접 공장 라인을 보니까 어디서부터 손대야 할지 모르겠더라고요. 큰 기업들도 이런데 하물며 작은 기업들은 어떨지…

16

바퀴 달린 데이터와 날개 달린 정보

발 없는 말이 천리 간다는 속담이 있다. 사람들의 입소문이 퍼지는 상황을 이야기한 것인데, 속담이 지어진 당시 데이터의 이동 속도는 사람이 걷거나 말을 타고 가는 정도의 속도였을 것이다. 그러나 오늘날에는 사람의 입소문이 차량이나 비행기의 속도를 넘어선다. 인터넷을 통해 데이터와 정보가 빛의 속도로 이동하는 것이다. 현재 마케팅 분야에서는 어떻게 입소문을 빨리 내서 효과를 볼 것인지에 관한 연구가 활발하다. 그런데 모든 정보가 이렇게 다 전파될까? 그리고 입소문에 잘 적응되지 못하는 정보는 쓸모없는 것일까?

입소문을 내는 데 소셜 미디어를 전략적으로 이용하는 경우가 많다. 그렇다면 입소문의 몇 %가 온라인에서 발생할까? 하루 종일 컴퓨터 앞에서 생활하거나 손에서 스마트폰을 놓지 못하는 사람들은 이해하지 못하겠지만, 조사에 따르면 온라인에서 이루어지는 입소문은 7%에 불과하다. 나의 마케팅 관련 경험으로도 불특정 다수에게 보내는 이메일에 응답하는 경우는 1%가 채 되지 않는다. 그러나 현대의 마케팅에서는 그러한 수치도 의미가 있다고 생각하며 마케팅 비용을 기꺼이 집행한다. 아울러 기발한 아이디어들을 활용한 온라인 입소문들은 점차 영향력이 커지고 있다.

데이터를 엮어 스토리를 만들고 사람들에게 가치 있는 정보로 전달하는 데 필요한 것은 무엇일까? 또한 그러한 데이터나 정보가 입소문을 통해 저절로 널리 퍼져 나가게 하는 요인은 무엇일까? 마치 마케팅 메시지 자체에 발이 달린 것처럼 사람들의 자발적인 홍보를 이끌어 내는 요인이 무엇이냐는 것이다. 이에 대한 좋은 예로 블랜드텍의 마케팅 사례를 들 수 있다. 가정용 믹서기를 만드는 블랜드텍의 마케팅 책임자인 조지 라이트는 마케팅 비용 50달러로 유리구슬, 골프공, 쇠갈퀴 등을 구매했다. 그리고 그것들을 하나씩 믹서기에 넣고 돌리는 영상을 제작하여 유튜브에 올려놓고 반응을 기다렸다. 그 결과, 일주일만에 동영상 조회수가 600만 회를 기록하는 대성공을 이뤘다. 무엇이든 갈리는 튼튼한 믹서기라는 마케팅이 성공을 거두는 순간이었다.

라이터, CD, 형광봉, 아이폰 등 닥치는 대로 믹서기에 넣고 갈아보는 실험이 계속되었고, "이것도 갈릴까요?Will It Blend?"라는 실험 동영상이 3억 회 이상의 조회수를 올리는 놀라운 결과를 가져왔다.

| 출처 유튜브 채널 'Blendtec's Will It Blend?'

동영상 공개 이후 매출은 2년만에 700%가 증가했다고 한다. 그야말로 입소문이 빛의 속도로 달린 엄청난 결과이다. 3억 명을 대상으로 광고 효과가 순식간에 발생한 것이니 말이다. 일반인들이 제품을 구매하고 자발적으로 광고를 만들어 올리게 만드는 창의적 발상에 혀를 두를 뿐이다.

트렌치코트의 대명사이지만 한물간 것 같던 버버리도 기발한 디지털 입소문 마케팅으로 부활했다. 버버리는 웹사이트에 버버리를 입은 사진을 올리는 콘테스트를 진행하였다. 자신의 사진이 선택되어 전 세계에 특별히 전시된다면 얼마나 큰 영광일까? 뉴스에 나올 만한 사건이니 여기저기 자랑하고 싶은 마음이 얼마나 간절하겠는가. 현재 버버리 웹사이트에는 전 세계 100여 개국 참가자들의 버버리 코트 사진이 전시되어 있으며, 그 덕에 매출이 50% 이상 늘었다고 한다.

명품을 사거나 새 차를 사거나 혹은 좋은 장소에 갔을 때 사람들은 남들에게 자랑하고 싶어 한다. 희소성을 지닌 것이라면 더욱이 말이다. 그와 비슷한 논리로 사람들은 비밀스런 이야기를 듣게 되면 남들과 공유하고 싶어 한다. 그렇게 함으로써 나의 사회적 가치가 높아진다고 생각하는 것이다. 펜실베니아 대학의 와튼 스쿨 마케팅학 교수인 조나 버거는 이런 것을 '소셜 화폐'라고 하였다. 자신의 좋은 이미지를 만들기 위해 비밀스런 이야기를 공유하는 것은 소셜 화폐를 이용하는 것이다. 내가 어떠한 입소문을 전달하고 있는지에 대해 생각해 볼 필요가 있다.

심리학 연구에 따르면, 사람들은 자신의 좋은 이미지를 위해 긍정적인 이야기는 더 많이 말로 표현하는 반면 부정적인 이야기는 회피하는 경향이 있다고 한다. 예를 들면 친구에게 걸려온 전화를 옆 사람에게 바꿔줄 때 좋은 이야기는 축하해주거나 하는 식으로 이야기를 덧붙이지만 나쁜 소식이라면 말없이 전화를 건네 준다는 것이다. 그러나 세상에는 부정적인 감정을 일으키는 소문도 많이 나돌고 있다. 조나 버거는 입소문을 잘 타는 성질을 각성과 연관 지었다. 내용이 긍정적이든 부정적이든 정신이 번쩍 들게 하는 내용은 입소문을 잘 타는 것들이다. 그래서 입소문은 자극적일 수밖에 없다.

입소문의 이동은 데이터와 정보의 이동이긴 하지만 여러 사람을 거치며 변질되는 성질이 있다. 몇 단계를 거치면서 내용이 완전히 뒤바뀔 수도 있다. 입소문을 내고 퍼뜨리는 입장과 그 내용을 듣고 영향을 받는 입장의 해석은 서로 다를 수 있다. 요즘 청소년 금연 캠페인 광고가 '노담'이라는 줄임말과 함께 공중파를 타고 있다. 청소년들이 담배의 유혹을 과감하게 뿌리치게 하자는 의도로 보인다. 하지만 정작 청소년들

에게 어떠한 메시지로 해석되는지, 실제로 금연의 효과가 나고 있는지
는 종단 연구[21]가 필요하다. 미국에서는 청소년들이 대부분 담배를 피
우고 있어서 오히려 나도 피워봐야겠다는 식으로 해석되며 캠페인의 의
도에 반하는 결과가 나왔다는 사례도 있다고 한다.

입소문도 IT의 혜택으로 네트워크를 활용하고 동시에 전 세계에 퍼
지는 힘을 갖기도 한다. 전략적 입소문은 의도한 바를 저비용으로 달성
하는 마케팅 전략이다. 세계적으로는 한국적인 내용이 가장 각성을 일
으키는 내용이 될 수도 있다. 중국에서 아무리 한복과 김치가 자기 것
이라 우겨도 한복과 김치로 세계를 각성시킬 만한 콘텐츠는 한국에서
나오고 있지 않은가?

<hr>

21 시간 경과에 따른 연구 대상의 변화 상태를 관찰하며 그 특징을 반복적으로 측정해 변화에 영향을 미
치는 요인을 분석하는 연구이다.

입소문, 바퀴 달린 데이터와 날개 달린 정보

김동철 공학박사(유비케어 사외이사) | ⓒ 입력 2021.06.04 10:11

'발 없는 말이 천리 간다'는 속담이 있다. 그런 속담이 만들어졌을 시절에 사람들의 입소문이 퍼지는 상황을 이야기 한 것이다. 결국 데이터의 이동 속도는 걸음 속도이거나 말을 타고 가는 정도의 속도였을 것이다. 지금의 데이터나 정보는 사람의 입소문을 사용한다고 하여도 차량의 속도나 비행기의 속도를 넘어서 빛의 속도로 이동한다. 모든 정보가 이렇게 다 전파될까? 마케팅을 하는 입장에서는 어떻게 입소문을 빨리 내서 효과를 볼 수 있을까 하는 연구가 활발하다. 그렇다면 입소문에 잘 적응되지 못하는 정보는 쓸모없는 것인가?

입소문을 내기 위해서 전략적으로 소셜 미디어를 이용하기도 한다. 입소문의 몇 퍼센트가 온라인에서 발생할까?

하루 종일 컴퓨터앞에서 생활하거나 손에서 스마트폰을 놓지 못하는 사람들은 이해하지 못하겠지만, 조사에 따르면 온라인에서 이루어지는 입소문은 7퍼센트밖에 되지 않는다고 한다. 나의 마케팅관련 경험으로도 불특정 다수에게 보내는 이메일에 응답하는 경우는 1퍼센트가 채 되지 않는다.

그러나 현대의 마케팅에서는 그러한 수치도 의미가 있다고 생각하며 마케팅 비용을 기꺼이 집행한다. 아울러 기발한 아이디어들을 활용한 온라인 입소문들은 점차 영향력이 커지고 있다.데이터를 엮어서 스토리를 만들고 가치가 있는 정보로 사람들에게 전달하기 위해서 필요한 것은 무엇일까? 스스로 발이 달린 것처럼 사람들이 알아서 입소문을 내주게 하는 요인은 무엇일까? 가정용 믹서기를 만드는 블랜드텍의 마케팅 책임자인 조지 라이트는 마케팅 비용 50달러로 유리구슬, 골프공, 쇠갈퀴 등을 구매했다.

댓글 ⌄

신*종
고객 VOC 분석이나 입소문 분석이 요즘 세대들에게는 기존 페이스북, 트위터, 인스타그램 등 소셜 네트워크뿐만 아니라 유튜브로 전환되고 있는 거 같습니다. 글보다는 영상으로 즐기는 세대이다 보니 점점 분석 방향도 빠르게 변화해야 할 듯싶습니다.

이*호
블랜드텍 사례는 대단합니다. 유튜브 확인했는데 확실히 각인이 됩니다.

17

면접에서 나타난 빅데이터 사례

후배로부터 밤 늦게 문자가 왔다. 대기업의 경영진 면접을 봤는데 예상 못한 질문이 나와 뒤늦게라도 나에게 자문을 구한다는 것이었다. 우선 사후에라도 공부하는 자세를 보인 점을 칭찬해 주었다. 경영진 면접에서 그를 난처하게 만든 질문은 경영진으로서 직원들의 상시적 이탈이나 특히 신입사원들의 조기 이탈에 대응해 어떻게 대처할 것이냐는 물음이었다.

이에 대한 답변으로 '오래 다니고 싶은 회사가 되게끔 사내 문화를 바꾸어 보겠다.'라는 식으로 어정쩡하게 대응하는 것은 정답과는 거리가 멀다. 면접을 보는 것은 새로운 사람이 신선한 충격을 가져와 조직에 활력을 불어넣길 바라는 의도가 있는 것인데, 공자왈 맹자왈을 거론한

다면 전혀 새롭다고 느끼지 못할 것이다. 게다가 구체적인 실행 계획을
덧붙이지 못한다면 면접에서 끌려가게 마련이다.

| 출처 김동철 저 | 데이타솔루션 |
2015

나는 『빅데이터 삐딱하게 보기』에서 '인
사부 중역의 고민'이라는 주제로 인사부
에서 주로 하는 일과 그에 수반되는 데이
터 관련 사례를 분석의 관점에서 이야기
한 바 있다. '신입을 몇 명 뽑을 것인가',
'입사 후 1년이 지난 시점에 신입사원은
몇 명이나 남아 있을 것인가', '직원들이
오래 다니려면 인사부 관점에서 무엇을
해야 하는가' 등의 난제가 해마다 되풀이
되고 있다. 면접관으로서 인사부 중역이
회사의 경영진을 뽑을 때 본인의 문제를 해결할 수 있는지 물어보는 것
은 당연하다. 사실 면접을 앞둔 사람이라면 이러한 내용은 예상 질문으
로 미리 공부하고 본인만의 특별한 경험을 충분히 이야기할 수 있어야
한다.

한창 빅데이터의 주가가 치솟고 있던 2015년쯤 국내의 L그룹에서 교
육 요청을 받았다. 계열사 인사부 책임자 교육을 해달라는 것이다. 문
과적인 소양이 강한 인사부 관리자들에게 빅데이터를 가르치려면 어찌
해야 할지 고민하다가 하나의 이슈를 도출하고 빅데이터적으로 해결하
는 사례를 만들었다. 그것이 바로 서두에 기술한 신입사원의 조기 퇴직

률을 줄이는 빅데이터적인 방법이었다. 이미 수십 년간 신입사원을 뽑는 방법을 달리 했지만 결과적으로 효과를 보지 못했으며 이 문제는 인사부 중역의 노이로제로 남아있었다.

맞지 않는 옷을 입고 있으면 언젠간 벗게 된다. 잘못된 전략은 전쟁에서 대가를 치르게 된다. 어느 기업이나 유능한 인재를 뽑아서 그가 조직 성장에 기여하기를 바란다. 산업계에서 중간 정도의 위치를 차지하는 기업의 인사부가 우리 회사가 최고라는 착각으로 우수한 인재만을 고집하는 경우, 설령 그런 인재를 뽑는다 한들 최고의 대우를 해주지 않는 한 얼마 못 가서 다른 기업으로 이직하는 사례가 허다하다. 오랫동안 다녀보지도 않고 쉽게 떠나간다며 젊은이들을 탓해 봐야 결과는 바뀌지 않는다. 획일화된 성적과 짧은 시간의 면접으로 수십 년간 함께 일할 최적의 인재를 찾는 것은 잘못된 전략이며, 맞지 않는 옷을 입은 사람의 사례가 되고 만다.

답은 이미 가지고 있다. 현재 직장에서 우수한 실적으로 장기근속한 사람과 닮은 사람을 선발하는 것이다. 장기근속 모델링이라는 빅데이터 분석이 가능하고, 아울러 가장 적합한 부서도 인공지능적으로 추천할 수 있다. 역으로 몇 년 다니고 그만둘지에 대한 예측도 가능하다는 점에서 다소 불편한 정보를 만들어 낼 수도 있다. 빅데이터적인 신입사원 선발 방식은 장기근속과 우량직원 선발을 위한 방향성을 가지고 있다고 볼 수 있다.

| 출처 마틴 셀리그만 저/우문식, 최호
영 역 | 물푸레 | 2012

1982년 미국의 메트로폴리탄 생명 보험 회사 존 크리돈 사장은 긍정 심리학의 대가라고 불리는 마틴 셀리그만 박사에게 직원 관리에 관한 어려움을 토로하였다. 당시는 컴퓨터 초기 시절이라 빅데이터는 고사하고 컴퓨터를 이용한 어떤 기술보다도 기존의 학문적 발견에 의존해 문제를 해결하고자 했을 것이다. 생명 보험 상품을 파는 일은 그때나 지금이나 어려운 일이다. 영업 과정에서 수많은 거절을 경험하는데, 그것이 좌절로 이어져 입사 후 1년 이내에 50%의 직원들이 회사를 그만두고 있다. 4년이 지나면 퇴직률이 80%에 이른다고 하니 이에 따른 비용의 낭비는 경영의 큰 숙제가 아닐 수 없다. 셀리그만도 처음에는 심리학적인 접근으로는 그러한 문제를 해결하기 어려울 것이라 생각했다고 한다.

셀리그만은 어느 날 우연히 비행기의 옆 좌석에 앉은 사람이 자신에게 끈질기게 말동무를 청해 이야기를 주고받게 되었다. 그 과정에서 그는 '낙관성'이 보험 회사의 문제를 해결하는 실마리가 될 것이라 직감하고 그것을 실험해 보기로 한다. 셀리그만은 낙관성 척도를 제작하여 우선 경력사원들에게 실시했다. 실험 결과 실적이 좋은 사람들은 실적이 나쁜 사람들에 비해 확실히 더 낙관적이었다. 낙관성이 상위 10%인 직원은 하위 10%인 직원에 비해 실적이 88%나 더 좋았고, 상위 25%인

직원은 하위 25%인 직원에 비해 사직 비율이 3배나 낮았다. 이러한 사실에 기대어 낙관성 척도로 신입사원을 선발하고 관찰한 결과, 낙관성이 높은 직원은 낮은 직원에 비해 1년차에 57%, 2년차에 638%에 이르는 월등한 계약고의 차이를 만들어 냈다고 한다. 이는 회사에서 우수한 실적으로 오래 다닐 수 있는 신입사원을 발굴하는 데 성공한 경력사원들의 특징을 적용한 좋은 사례이다.

이러한 문제가 과거에도 있었다는 사실이 참으로 신기하기도 했지만 요즘 회사에서 이런 내용을 알고 있는지 의심스럽기도 하다. 보험 회사 영업사원은 낙관성이 중요하겠지만 다른 산업이라면 상황은 달라진다. 반대로 리스크를 관리하는 부서의 직원들은 낙관성이 낮은 것이 일하는 데 도움이 될 수도 있다. 빅데이터의 접근은 모든 가능한 상관관계의 가능성을 이용하여 모델링을 시도한다. 어디에 있을지 모르는 추론의 단서를 찾기 위해 미미한 상관 관계의 데이터마저 샅샅이 살펴 이용하는 것이다. 그러한 과정에서 나타나는 특징은 나중에 의미를 부여하면 된다.

여러 사례가 이야기해 주듯이 1년 정도의 교육으로 사람을 바꾸는 것은 어렵다. 직원과 회사가 서로 '윈윈'하는 방법을 찾는 데에는 두 사람이 만나 결혼하는 것 이상의 노력이 들어간다. 시작부터 서로를 잘 알기 위해서는 최대한의 자료를 가지고 판단해야 하며, 그것이 후에 낭비되는 시간과 비용을 절약하는 최선의 방법이다.

Digital Today

면접에서 나타난 빅데이터 사례

✍ 김동철 공학박사(에스앤글로벌 고문)   ⏱ 입력 2021.02.03 13:46

[디지털투데이 황치규 기자] 후배로부터 밤 늦게 문자가 왔다. 대기업의 경영진으로 면접을 봤는데 질문이 예상 못한 것이라 나에게 자문을 구한다는 것이다. 사후에라도 공부하는 자세를 칭찬해주었다. 경영진으로서 직원들의 상시적 이탈이나 특히 신입직원들의 조기 이탈에 대해 어떻게 대처할 것이냐는 질문이었다.

오래 다니고 싶은 회사로 문화를 바꾸어 보겠다는 식의 답변은 정답과는 거리가 멀다. 면접을 보는 것은 새로운 사람이 신선한 충격을 가져와서 조직에 활력을 넣어보자는 의도가 있는 것인데, 공자왈 맹자왈을 거론한다면 전혀 새롭다고 느끼지 못 할 것이다. 게다가 구체적인 실행 계획을 덧붙이지 못한다면 면접에서 끌려가게 마련이다.

나는 '빅데이터 삐딱하게 보기'(2015)에서 인사부 중역의 고민이라는 주제로 실제로 인사부에서 주로 하는 일들과 수반되는 데이터에 관한 사례들을 분석의 관점에서 이야기 한 바 있다. 신입직원을 몇 명을 뽑을 것인가?합격된 신입 직원은 1년이내에 몇 명이 남아 있을 것인가? 직원들이 오래 다니려면 인사부관점에서 무엇을 해야 하는가? 하는 등등의 난제들이 해마다 되풀이되고 있다. 면접관으로서 인사부 중역은 회사의 경영진을 뽑을 때 본인의 문제를 해결할 수 있는지 물어보는 것은 당연하다. 사실 면접을 앞둔 사람이라면 이러한 내용은 예상질문으로 공부를 했어야 하거나 본인만의 특별한 경험을 이야기 할 수 있어야 한다.

댓글 ⌄

신*좀
회사에 잘 어울리는 사람들을 뽑기 위해 인적성검사 등 많이 하지만 교육강국?답게 인적성 학원도 있습니다. 인적성 또한 데이터로 사람을 평가하는 방법 중 하나이겠지만 인사가 만사라 사람을 뽑고 평가한다는 건 무척이나 어렵고 중요한 거 같습니다.

조*형
그래서 학업 성적이나 토익 성적보다 인적성 검사가 더 필요한 게 아닐까 싶네요! 그런데 막상 현실에선 인적성에 대한 신뢰도가 낮다 보니 다시 학벌, 성적에 의존하게 되는…

18

열정적인 분석과 냉정한 해석

　빅데이터라는 트렌드가 누구에게나 상당히 익숙해진 요즘에는 전문가가 아니더라도 빅데이터 관련 전문용어 몇 개 정도는 상식으로 사용할 줄 알아야 한다고 생각하는 이들이 늘고 있다. 통계를 다루는 일의 중요도는 최근 10여 년간 다른 어느 분야보다도 강조되어 왔다. 통계학의 입장에서 빅데이터는 데이터가 좀 더 다양하고 크기가 상대적으로 클 뿐이다. 통계라는 탄탄한 학문적 토대가 있어 빅데이터가 빠르게 확산된 것일 수도 있다. 통계학의 저변이 얼마나 넓은지 일반인들은 잘 모른다. 거의 모든 분야의 박사 학위 논문에 통계 분석이 들어가고 그것이 빠지면 실증적으로 차별점을 증명하기가 어렵다. 그래서 대학에서는 학과별로 분야별 통계학이라는 것이 자리 잡고 있다.

누구나 초보 시절이 있게 마련이다. 데이터를 분석해 보기 시작하는 초보 분석가 시절에는 데이터만 보면 달려들어 뭔가를 마구 알아내려고 한다. 이와 달리 수준에 오른 분석가라면 데이터를 보기 전에 우선 어떤 데이터인지를 살핀다. 데이터를 구한 목적과 결과적으로 해결하고 싶은 목표의 연장선에서 적절한 데이터가 만들어졌는지를 살피는 것은 분석보다도 중요하다. 의사결정권자들이 결과를 미리 정해 놓고 거꾸로 결과에 부합하는 통계만을 골라 사용하는 경우도 있는데, 국가가 발표하는 통계는 그 나라의 신뢰도와 직결된다. 만약 어느 나라의 통계에서 코로나 바이러스 확진자의 수가 들쭉날쭉하게 나타난다면 사람들은 어느 순간부터 그 통계에 더 이상 관심을 갖지 않게 될 것이며, 그 나라는 외교 무대에서 왕따가 되고 말 것이다.

분석으로 해결되지 않는 경우도 있다. 2004년 케냐에서 학생들의 결석률을 줄이고자 연구가 진행되었다. 케냐의 교육 환경은 열악했으며, 어린 학생들이 가사의 생업을 도와야 하는 경우도 있어서 자녀의 교육에 대한 가정적인 열의도 낮은 편이었다. 해외 원조 사업으로 시작된 교육 사업은 학생들의 잦은 결석으로 교육의 효과를 보기 어려웠다. 원조 사업은 우선 현장을 파악하려고 열정적으로 자료를 모으고 분석해 당장 필요한 것들을 지원 목록에 넣었다. 자원봉사 선생님 모집, 교실 확충, 충분한 교재 공급, 장학금 지급, 교복 제공 등 절실한 부분에 자금을 투여했지만 결과적으로 결석률을 낮추는 데 기여하지 못했고, 따라서 케냐의 문맹률을 낮추는 데 기여하지도 못했다.

이러한 투자는 공익의 목적에 따르는 동시에 효과를 제대로 예측하고 그럴 듯한 결과가 나오기를 바란다. 상관계수를 기반으로 하는 자료 획득과 분석으로 모든 유효한 변수를 다 찾아내는 것은 어려운 사례이기에 여기에는 빅데이터적 접근이 필요했다. 교육과 관련이 없어 보이지만 간접적으로 학생들에게 영향을 주는 유효한 변수들을 찾아가는 과정에서 상당히 중요한 요소를 발견하였다. 필수 보건 부족으로 학생들이 여러 가지 질병에 노출되어 있었던 것이다.

| 출처 윌리엄 맥어스킬 저/전미영 역 | 부키 | 2017

『냉정한 이타주의자』에서는 이 문제를 다루며 기생충 약을 제공하는 출석장려 프로그램의 효과가 다른 모든 것을 합친 것의 14배나 되었다는 점을 짚었다. 이러한 발견은 비영리단체인 세계 기생충 구제지원 단체의 설립으로 이어져서 4천만 건 이상의 기생충 치료 실적을 올렸다.

문제를 해결하는 진주 같은 실마리는 의도한 결과를 도출하기도 하고 새로운 단체를 만들어 지구적인 도움의 손길이 헛되지 않게 한다. 빅데이터라는 큰 그림으로 조금 더 살펴보자면, 이를 통해 케냐 학생들의 출석률이 증가해 문맹률 퇴치에 도움이 되었음은 물론이며, 10년간의 추적 조사 결과 이러한 교육을 거친 성인의 평균 근무 시간이 그렇지 않은 이들보다 주당 3.4시간 더 많고 소득도 20% 높아서 그만큼 세금을 더 많이 내게 되었다. 장사꾼 같은 계산이지만 초기에 투자한 구충제 비용이 세금으로 돌아오는 거시적인 사이클이 완성된 것이라면 진정으로 보람 있고 남는 장사라는 생각이다. 결과적으로 이 출석장려 프로그램은 투자와 연구가 진행되는 과정 속에서 속히 도움을 주고 싶은 열정과 진정으로 효과를 보게 하자는 냉정이 시너지를 폭발시킨 사례라고 할 수 있다.

생명을 다루는 일이나 투자를 결정하는 일에는 열정과 냉정이 모두 필요하다. 그러나 개인의 속성상 일반적으로 한 사람이 이러한 두 가지 속성을 모두 가지기는 힘들다고 생각한다. 그리고 제아무리 빅데이터라 하더라도 데이터 측면에서 전통적인 데이터에 비해 상대적인 것에 불과하므로 모든 문제를 한번에 해결하는 만능이 될 수는 없다.

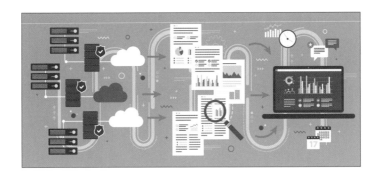

열정적인 분석가가 빠른 시간에 문제를 해결했다고 한다면 일단은 전문성에 있어 리스크가 내재되어 있지는 않은지 의심해 봐야 한다. 분석가는 특정한 영역의 전문가가 아닐 수도 있으며, 그렇기에 현장 전문가조차도 파악하기 어려운 문제를 분석가가 파악하기는 더더욱 어려운 일이다. 냉정한 해석가는 그러한 리스크를 찾아내고 대안을 제시함으로 의도한 방향으로 분석이 진행되도록 한다. 조직에 열정적인 분석가만 존재한다면 보이지 않는 리스크 때문에 의사결정에 큰 오류를 범할 수 있다. 반대로 냉정한 해석가만 존재한다면 새로운 프로젝트의 시작은 아주 제한적일 것이고 시간도 오래 걸릴 것이다.

코로나 현장에도 열정과 냉정이 공존한다. 열정적으로 환자를 치료해야 하지만 그와 동시에 백신과 치료제를 만드는 데에는 냉정한 절차를 거쳐야 한다. 너무 서둘러도, 시간을 무한정 지체해도 안 되는 현실의 목표를 마주하고 있는 것이다. 이러한 서로 다른 두 가지 온도를 함께 운용하는 직업이 소위 리더이다. 리더는 지휘자이다. 동일한 상황에서 지휘자에 따라 음악이 크게 달라진다는 것은 자명하다. 한국은 작지만 지휘하기에 따라 빅데이터 분야에서 성장가능성이 무궁무진하다. 케냐의 사례에서와 같이 아직 발견되지 않은 보석 같은 실마리를 찾아 한국이 세계에 기여했으면 하는 바람이다.

빅데이터로 가는 길, 열정적인 분석과 냉정한 해석

人 김동철 뮤비케어 사외이사(공학박사) ⓒ 입력 2020.11.02 09:00

빅데이터 트렌드가 익숙해지면서 전문가는 아니더라도 빅데이터 관련 전문용어 몇개 정도는 사용할 줄 알아야 한다고 생각하는 이들이 늘고 있다. 통계를 다루는 일에 대한 중요도는 최근 10여년간 다른 어느 분야보다도 강조돼왔다. 통계학 입장에서 보면 빅데이터는 데이터가 좀 더 다양하고 상대적으로 크기가 클 뿐이다.

통계적인 학문에 탄탄한 토대가 있으니 빅데이터 확산이 빠르게 일어난 것일 수도 있다. 통계학 저변이 얼마나 넓은 지 일반인들은 잘 모른다. 거의 모든 분야 박사학위의 논문에 통계분석이 빠지면 실증적으로 차별점을 증명하기가 어렵다. 그래서 학과별로 분야별 통계학이라는 것이 자리잡고 있다.

누구나 초보시절이 있게 마련이다. 데이터를 분석하기 시작하는 초보 분석가 시절에는 데이터만 보면 달려들어 뭔가를 마구 알아내려고 한다. 어느 정도 수준에 오른 분석가라면 데이터를 보기전에 우선 어떠한 데이터인지 살핀다.

데이터를 구한 목적과 결과적으로 해결하고 싶은 목표의 연장선에서 적절한 데이터가 만들어졌는가는 분석 보다도 중요하다고 볼 수 있다. 통계를 이용하고자 하는 의사결정권자들은 결과를 미리 정해 놓고 거꾸로 결과에 부합하는 통계만을 골라 사용하는 경우도 있다.

국가가 발표하는 통계는 그 나라 신뢰도와 직결된다. 코로나 환자 수가 들쭉날쭉 하다면 어느 순간부터는 더 이상 관심을 갖지 않게 됨과 동시에 글로벌 외교 무대에서 왕따가 되고 마는 것이다.

댓글 ∨

최*석
빅데이터로 가는 길 좋았습니다. 모든 것이 사람에게 향한 실용적 가치가 중요하지요.

방*찬
리더의 역할이 중요한데, 균형 잡힌 통찰력 있는 리더가 필요합니다.

19

역치의 해석과 응용

사실이 아니길 바라지만 개구리는 서서히 데워지는 물에 넣으면 자기도 모르는 사이에 죽는다고 한다. 사람은 어느 온도에 다다르면 견딜수 없다. 이러한 값은 큰 의미를 갖는다. 크게는 생사를 가를 수도 있고작게는 의미가 뒤집어질 수도 있다. 일반적으로 이야기하면 변화가 발생하는 순간에 역치가 작용했다고 할 수 있다. 역치는 변화를 일으키기시작하는 시점의 최소 자극으로 설명되기도 한다.

개인적으로 20Km 이상 등산을 하면 하산 시에 무릎이 아프기 시작한다. 큰 산을 오를 때는 필히 무릎 보호대와 스틱을 챙겨서 나름대로안전하고 건강한 산행이 되도록 노력하고 있으나 나에게는 20Km 등산이 무릎 통증의 역치이다. 그런데 이러한 역치를 30Km로 끌어 올릴 수 있는 방법이 있다. 등산의 고수가 알려준 비법인데, 평소에 걷기 운동도 안 하다가 갑자기 등산을 하면 무릎이 금방 아프지만 평소에 10Km 이상을 꾸준히 걷거나 뛰면 무릎이 아픈 역치를 끌어 올릴 수 있다는 것이다. 무릎을 감싸고 있는 인대가 튼튼해져서 그렇겠지만 결과적으로 어지간한 등산으로는 무릎에 이상이 없다는 것이고, 이 경우 역치는 절댓값이 아니라 상댓값이라는 말이기도 하다.

사용하고 있는 컴퓨터나 스마트폰의 반응 시간이 갑자기 느려진 적이 있을 것이다. 이때는 특정 프로그램이 자원을 무한정으로 쓰고 있거나, 너무 많은 프로그램이 동시에 돌아가고 있거나, 경미한 기기 접촉 불량이 일어났을 수 있다. 일하는 사이에 나도 모르게 해커가 침입해서 그럴 수도 있다. 이 모든 상황의 변화는 장비의 성능 역치를 넘어서는 요인이 발생했기 때문이다. 초기에는 이러한 상황이 발생하면 서비스 센터를 방문해 수리했지만 최근에는 인공지능 발달과 서비스 수준 향상으로 문제의 원인과 손쉬운 조치 방법이 자동으로 화면에 표시된다. 더나아가 개인별로 조치된 이력이 관리되고 있어 사용자의 만족도를 높은 수준으로 유지할 수 있다.

동네에서 음식 장사를 하는 사람들은 기업처럼 홍보나 마케팅을 하기 어렵다. 개인적인 친분을 활용하고 최대한 단골을 많이 확보하여 입소문이 나야 한다. 초기의 일정 기간 동안은 아무리 노력해도 수입이 나지 않는다. 그러나 어느 순간부터 손님들이 자발적으로 찾아오고 매출과 수익이 늘기 시작한다. 그간의 노력들이 역치를 넘으면서 발생한 변화라고 하겠다. 그 변화의 시점까지 무슨 노력이 들어갔는지, 어느 정도의 시간이 걸렸는지를 정확히 아는 것이 중요하다. 그러한 역치를 넘는 시점을 알아냈다면 시간을 줄이는 방법도 쉽게 찾을 수 있다. 장사 컨설턴트들이 하는 일이란 바로 이런 것이다.

사람이 하루에 안전하게 복용할 수 있는 비타민C의 용량은 1000mg이다. 이는 더 이상 먹어봐야 소용없거나 안전하지 않을 수 있다는 실험 결과로 찾은 역치이다. 사람에 따라 역치가 다를 수 있기 때문에 500mg 등의 작은 용량은 있어도 2000mg의 대용량은 만들지 않는다. 모든 약재 및 식생활에 따른 기준들도 권장량과 최대 허용량 등이 있어 이를 심하게 어길 경우에는 어딘가 부작용이 발생한다. 부작용이 발견되었다면 어떠한 성분이 부족했는지 혹은 과도했는지를 찾아내는 것도 역치의 관점이다.

역치는 세상 어디에나 존재한다. 그중에서 특히 역치를 찾아내기 어려운 경우는 사회 경제적 현상이 일어날 때이다. 국민들이 행복하다고 느끼는 행복지수가 갑자기 의미 있는 수준으로 올라간다면 분명히 어떤 긍정적인 요인이 역치를 넘어 작동한 것이며, 국가의 엥겔 계수가 변동했다면 이 또한 경제 저변에서 의미 있는 큰 변화가 일어난 것이다. 젊은이들은 스스로 연애, 결혼, 출산을 포기한 3포 세대라고 부른다. 여기에 취업, 집 장만도 포기하고 더 나아가 인간 관계와 꿈, 희망 등도 포기하는 N포 세대까지 등장하는 세태이다. 이들이 N포에서 벗어나 긍정성을 회복하는 최소한의 문턱인 역치가 너무 멀게 놓여 있는 현실이다.

국가든 기업이든 국민과 고객의 만족도에 대한 수준과 거기에 영향을 미치는 요인을 잘 알아야 함은 물론이며, 만족도를 변화시키는 요인별 역치를 찾아내야 한다. 개인 역시 자신의 건강과 행복 증진과 관련된 요인별 역치를 알아야 한다. 그래야 어떤 조치를 어느 정도 더 해야 하는지 결정할 수 있기 때문이다. 결국 역치에 관련된 내용은 미래의 전략을 세우고 필요한 비용을 산출하는 것과 직결되어 있다.

한 해의 하반기는 다음 해를 준비하는 시기이다. 새로운 전략이 어떠한 역치를 다루고 있는지 심각하게 들여다 봐야 한다. 역치는 문턱 값이자 최소치이지만 상황이 바뀌는 큰 흐름의 시작이다. 소홀히 다루어서는 아픈 무릎의 연속일 뿐이다.

한국경제

[기고] 역치(Threshold)의 해석과 응용

입력 2020.09.14. 오전 10:33

😀 공감   ◁》 까가 ↰

사실이 아니길 바라지만 개구리는 서서히 데워지는 물에 넣으면 죽는다고 한다. 사람은 어느 온도에 다다르면 견딜 수 없다. 이러한 값은 큰 의미를 갖는다. 크게 는 생사를 가를 수도 있고 작게는 의미가 뒤집어질 수도 있다. 일반적으로 이야 기 하면 변화가 발생하는 순간에 역치가 작용했다고 할 수 있다. 역치는 변화를 일으키기 시작하는 시점의 최소 자극으로 설명하기도 한다.

개인적으로 20Km 이상의 등산을 하면 하산 시에 무릎이 아프기 시작한다. 나에 게는 20Km 등산이 무릎 통증의 역치이다. 큰 산을 오를 때는 필히 무릎 보호대 와 스틱을 챙겨서 나름대로 안전하고 건강한 산행이 되도록 노력하고 있다. 등산 의 고수가 알려준 비법이 있다. 역치를 30Km로 끌어 올릴 수 있다는 것이다. 평 소에 걷기 운동도 안 하다가 갑자기 등산을 하면 무릎이 금방 아파온다. 그러나 평소에 10Km 이상을 꾸준히 걷거나 뛰는 사람은 무릎이 스스로 아파오는 역치 를 끌어 올린다고 한다. 무릎을 감싸고 있는 인대가 튼튼해져서 그렇겠지만 결과 적으로 어지간한 등산에는 이제 무릎에 이상이 없다는 결론이다. 이 경우 역치는 절댓값이 아니라 상댓값이라는 말이기도 하다.

• • •

한 해의 하반기는 다음 해를 준비하는 시기이다. 새로운 전략이 어떠한 역치를 다루고 있는지 심각하게 들여다봐야 한다. 역치는 문턱값이자 최소치이지만, 상 황이 바뀌는 큰 흐름의 시작이므로 소홀히 다루어서는 아픈 무릎의 연속일 뿐이 다.

20

데이터 경제 시대가 개인들에게 던지는 메시지

데이터가 디지털로 변신하고 현대적인 환경에서의 위상을 갖추는 데 실로 많은 희생이 뒤따랐다. 수기로 기록되던 데이터가 지금은 자동으로 생성되고 여러 곳에 저장된다. 데이터는 손쉽게 가공되어 파생 데이터를 만들고 관심 있는 곳에서 공유된다. 구하기 어려운 데이터라면 가치를 계산해서 사고파는 것이 오늘날의 모습이다. 전 세계적으로 데이터에 대한 관심이 높아지면서 데이터 거래소, 데이터 전담 정부 기관, 데이터 관련 법의 제정 등이 잇따르고 있다. 무엇이 데이터인가? 데이터의 범위는 어디서부터 어디까지인가? 이러한 기본적인 질문이 가능한 이유는 답도 기본적이기 때문이다. 현실과 똑같은 디지털 트윈[22] 시대에서는 모든 것이 데이터이다. 디지털의 영향으로 표현의 한계가 사라진 지금에는 슈퍼 컴퓨터를 능가하는 양자 컴퓨터가 나와줘야 할 만큼 데이터의 증가 속도가 가히 폭발적이다.

디지털 지문Digital Fingerprinting, 디지털 족적Digital Footprint이란 용어들이 심심치 않게 등장하고 마치 누구나 아는 것처럼 통용되고 있다. 오래 전 수사 영화나 드라마에 보면 형사가 돋보기나 붓을 들고 범죄 현장에서 지문을 채취하는 장면이 나온다. 디지털 정보를 주고받을 때도 지문 같은 여러 흔적들이 남는다. 지금 집에서 사용하고 있는 소프트웨어가 불법 복제물이라면 언젠간 걸릴지 모르는 디지털 지문이 존재한다는 것을

.....
22 가상 공간에 현실 세계의 물체를 구현해 놓고 다양한 상황을 시뮬레이션하여 결과를 예측하는 기술.

알아야 한다. 디지털 족적은 인터넷을 포함한 가상의 공간에 접속한 동선을 뜻한다. 이를 통해 사람의 실제 동선을 파악할 수 있음은 물론이다. 영화 〈서치〉에서는 사라진 딸을 찾기 위해 아버지가 딸의 컴퓨터에 남겨진 SNS 등을 보고 추적한다. 지금은 이러한 개인들의 흔적을 지워주는 유료 서비스까지 생길 정도이니 디지털 속에서 일어나는 일은 누구도 모르는 일이다.

데이터에 관심 좀 있는 분들이라면 비정형 데이터[23]에 대한 의문이 많았던 시절을 기억할 것이다. 지금은 사정이 달라졌다. 복잡한 문장을 이해해서 데이터로 만드는 기술은 인공지능이 담당한다. 당장은 초보적인 수준의 처리만 가능해 다소 복잡한 내용은 처리하기 어렵지만 언젠가는 복잡한 문제도 해결할 수 있을 것이다. 데이터를 구성하고 이해하는 과정에서 실제보다 더 많은 양의 데이터가 생겨나는 것은 메타 데이터 때문이다. 소위 '데이터의 데이터'라고 하는 메타 데이터의 데이터베이스가 풍부하다면 인공지능의 해석 능력은 특정 분야에서 인간을 초월하게 될 수도 있을 것이다. 실로 모든 것을 데이터화할 수 있는 기술적 기반이 마련된 셈이다.

데이터가 사고파는 대상이 된 지는 이미 오래다. 빅데이터 분석을 위해 포털사의 SNS 데이터베이스를 사려고 하면 수십 억이 들 수도 있다. 장기간의 기상 데이터가 필요하면 돈 내고 사야 한다. 해외 논문 검색도 유료이며, 취직하고 싶은 회사의 정보도 유료다. 궁금한 게 많아질

·····
23 그림이나 영상. 문서와 같이 형태와 구조가 복잡해 정형화되지 않은 데이터.

수록 돈이 많이 든다. 거꾸로 그러한 비즈니스를 직접 경영하는 것도 가능하다. 데이터를 모으는 데 뛰어난 아이디어와 기술을 가지고 있다면 충분히 승산이 있다. 여러분은 스마트폰의 몇 개의 앱에 자신의 정보를 주고 있는가? 그런 정보들이 모여 새로운 시장에 대한 이해가 생기고, 투자자들이 모여들고, 결국 기업의 가치를 인정받아 돈으로 환산된다.

기술이 상당히 보급되었음에도 디지털과 데이터 관련 법 제정 등의 사회적 규약은 상당한 시차를 두고 보수적으로 따라가기 마련이다. 스마트한 젊은이들은 인터넷에서 다른 사람이 되어 디지털 지문과 디지털 족적을 남기는 데 불편함이 없고, 그러는 사이에 개인 정보 유출, 해킹 등 인터넷상에서의 각종 범죄 행위가 활개치고 있다. 또한 인터넷상에서는 접근 권한에 대한 자유가 보장되므로 범죄 도구, 폭탄 제조, 범죄 모의 등의 데이터가 무방비 상태로 널려 있으며, 그것이 곧 실제 사고로 이어지기도 한다. 데이터가 너무 많아서 생기는 반대급부적인 어쩔 수 없는 현상이겠지만 그보다는 인류가 발전하는 긍정적인 부분이 더 많다고 생각한다.

각 개인은 자신도 모르는 사이에 본인의 데이터가 유료로 유통되고 있다는 사실을 알아야 한다. 금융권에서는 개인의 신용을 평가하기 위해 정부가 허락한 신용 평가 회사에 신용 평가 조회를 한다. 갑자기 실직해서 소득이 증명되지 않는다면 신용도가 하락하고 신용카드 발급에 문제가 생기며 은행에서의 대출에도 제약이 생긴다. 재산을 증명할 수 있는 부동산이나 은행의 잔고가 없으면 보증도 설 수 없다. 이런 내용은 본인보다도 금융권이 제일 먼저 인지해서 채권 회수를 하려고 한다. 자신의 신용도와 그에 따른 금융권에서의 한도를 제대로 아는 사람이 얼마나 될까? 자신을 잘 관리한다는 것에는 본인의 데이터와 그에 따른 부수적인 내용까지도 잘 관리하는 것이 포함된다.

개인 데이터 종합 검진 센터라도 차려야 할 것 같다. 과거와 비교할 수 없을 정도로 커진 데이터 세상에는 새로운 프로세스들이 많이 생겨난다. 데이터 백업을 받는 동시에 불필요한 데이터 클린징 작업도 해야 한다. 여기저기 흩어져 있는 본인의 데이터를 일정하게 관리하는 것도 중요하다. 이런 일들은 조만간 봇들이 처리하게 될 것이다. 또한 그에 따라 봇들의 이력 관리를 하고, 봇을 위한 봇이 생기게 되는 끊임없는 고리가 생길 것이다. 그러는 사이에 데이터는 무궁무진하게 불어날 것이며, 창조적인 사고를 하는 사람들의 일은 새로운 무대로 옮겨갈 것이다. 데이터 확장에 필수적인 세계적 표준화 같은 문제들은 적극 고민해야 하는 열려 있는 과제이다.

데이터 경제 시대가 개인들에게 던지는 메시지

김동창 유비케어 사외이사(공학박사) | 입력 2020.07.03 16:05 | 수정 2020.07.03 17:00

데이터가 디지털로 변신하고 현대 환경에서 위상을 갖추는데 실로 많은 희생이 뒤따랐다. 손으로 써서 기록되던 데이터가 지금은 자동으로 생성되고 여러 곳에 저장된다. 데이터는 손쉽게 가공되어 파생 데이터를 만들고 관심있는 곳에서 공유된다. 구하기 어려운 데이터라면 가치를 계산해서 사고파는 세상이 요즘이다. 전세계적으로 데이터에 대한 관심이 높아지면서 데이터 거래소, 데이터 전담 정부 기관, 데이터 관련 법 제정 등이 잇따르고 있다.

무엇이 데이터인가? 데이터의 범위는 어디서부터 어디까지 인가? 이러한 기본적인 질문이 가능한 이유는 답도 기본적이기 때문이다. 현실과 똑같은 디지털 트윈(Digital Twin)시대에선 모든 것이 데이터이다. 디지털로 표현 가능한 한계가 사라진 지금 슈퍼컴퓨터를 능가하는 양자 컴퓨터가 나와줘야 감당할 만큼 데이터 증가속도는 가히 폭발적이다.

디지털 지문(Digital Fingerprinting), 디지털 족적(Digital Footprint)이란 용어들이 심심치 않게 등장하고 미치 누구나 아는 것처럼 통용되고 있다. 오래전의 수사영화나 드라마에 보면 형사가 돋보기나 붓을 들고 범죄 현장에서 지문을 채취하는 장면이 나온다. 디지털 정보를 주고 받을 때도 지문같은 여러 흔적들이 남는다. 지금도 집에서 사용하고 있는 소프트웨어가 불법 복제물이라면 언젠간 걸릴지 모르는 디지털 지문이 존재한다는 것을 알아야 한다.

디지털 족적은 사람의 실제의 동선을 파악하는 것은 물론 인터넷을 포함한 가상의 공간에서 접속한 동선을 뜻한다. 영화 서치(Search, 2017)에서는 사라진 딸을 찾기 위해 아버지가 딸의 컴퓨터에 남겨진 SNS 등을 보고 추적을 한다. 이글을 읽는 독자들도 디지털 족적을 하나 남기고 있는 중이다. 이러한 개인들의 흔적을 지워주는 유료서비스도 생겼다.

한때 데이터에 관심 있는 이들은 비정형 데이터에 대한 의문이 많았다. 지금은 사정이 달라졌다. 복잡한 문장을 이해해서 데이터로 만드는 기술은 인공지능이 담당한다. 당장은 인공지능이 초보적이어서 수준이 떨어질 지라도 언젠간 해결이 가능할 것이다. 데이터를 구성하고 이해하는 과정에서 실제 데이터보다 많이 생겨나는 것은 데이터를 설명해주는 메타 데이터이다. 데이터의 데이터라고 한다. 이러한 메타 데이터의 데이터 베이스가 풍부하다면 인공지능의 해석 능력은 특정분야에서 인간을 초월하는 단계를 올 수 있을 것이다. 실로 모든 것을 데이터화 할 수 있는 기술적 기반이 마련된 셈이다.

이미 데이터는 사고 파는 대상이 된 지 오래다. 빅데이터 분석을 위해 포털 SNS 데이터베이스를 사려고 하면 수십억원이 들 수도 있다. 장기간의 기상 데이터도 필요하다면 돈 내고 사야 한다. 해외 논문도 유료로 검색하고, 취직하고 싶은 회사의 정보도 유료다. 궁금한 게 많아질수록 돈이 많이 든다. 거꾸로 그러한 비즈니스를 직접 경영하는 것도 가능하다. 데이터를 모으는데 뛰어난 아이디어와 기술을 가지고 있다면 충분히 승산이 있다. 여러분들은 스마트폰에 있는 앱들 중 몇개에 자신의 정보를 주고 있는가? 그런 정보들이 모여서 새로운 시장에 대한 이해가 생기게 되고, 투자자들이 모여들고, 결국 기업의 가치를 인정 받아 돈으로 환산되게 된다.

디지털과 데이터 관련 기술은 빠르게 진화하고 있지만 관련 법 제정 등의 사회적 규약은 상당한 시차를 두고 그것도 보수적으로 따라가기 마련이다. 그러는 사이에 개인정보 유출, 해킹 그리고 인터넷상에서 각종 범죄 행위가 활개를 치고 있다. 스마트한 젊은이들은 인터넷에서 디지털 지문과 디지털 족적을 남기는데 불편함이 없다. 인터넷상에서 접근 권한에 대한 자유가 보장되므로 범죄 도구, 폭탄제조, 범죄 모의 등의 데이터들이 무방비 상태로 널려 있어 사고의 위험성이 실제 사고로 이어지기도 한다. 데이터가 너무 많아서 생기는 반대급부겠지만, 그럼에도 인류가 발전하는 긍정적인 부분이 더 많다고 생각한다.

PART

2

세상 속으로

시간은 흐르고 공간 속의 세상은 변화한다. 여기에 기술의 발달이라는 새로운 축을 더하면 더욱 다양하고 참신한 관점으로 세상을 바라볼 수 있다. 진정으로 기술의 발달을 이해하고 산업혁명 수준으로 체감하려면 어떻게 해야 할까? 역사와 학문, 현상 속에서 그 실마리를 찾을 수 있다.

01

뉴스와
사회적 가설

요즘처럼 가짜 뉴스가 난무하는 시기는 없었던 것 같다. 예전의 헛소문을 높여부르는 말 같기도 한데, 진실을 알기 어려운 점은 똑같다. 특히 최근에는 가짜 뉴스가 첨단 기술의 옷을 입고 현실을 호도하며 사회를 혼란에 빠뜨리기도 한다. 의도적으로 만든 가짜 뉴스는 사실에 근거하지 않은, 거론할 가치도 없는 거짓말이라서 널리 퍼졌다고 하더라도 후속적인 이슈가 나올 수 없다. 그러나 뉴스의 속성은 '세간의 관심을 끄는 사실을 전달'하는 것이므로 어떻게 전달하느냐에 따라 내용은 극과 극을 달릴 수 있다. 뉴스가 사실에 근거하고 있다면 이는 후속적인 이슈를 양산하고, 또다시 해결해야 할 과제로 대두되어 전문가나 정치인들이 만지작거릴 수 있는 어젠다가 되기도 한다.

몇 해 전 유니세프가 발표한 연간 1살 미만 유아 사망자 수가 420만 명이라는 뉴스가 있었다. 당시에는 그것을 자극적인 뉴스로 만들기 위해 앙상하고 병든 아기들을 품에 안고 초점 잃은 부모들의 모습을 부각하며 420만 명이라는 어마어마한 숫자의 아까운 어린 죽음과 슬퍼하는 부모들의 심정을 다루었다. 그 결과 세계는 유아의 구체적인 사망 원인보다는 그렇게 어린 애들이 1년에 420만 명이나 죽는다는 사실에 어쩔 줄 모르는 슬픔과 흥분으로 술렁였다.

| 출처 한스 로슬링, 올라 로슬링, 안나 로슬링 뢴룬드 저/이창신 역 | 김영사 | 2019

의사이면서 통계학자인 한스 로슬링은 저서 『팩트풀니스』에서 이러한 뉴스의 사실을 좀 더 파헤치며 광범위한 팩트에 기반한 뉴스 전달이 필요하다고 주장한다. 1950년만 해도 유아 사망자 수가 1440만 명에 육박했다. 그 이후로 의학의 발달과 의료 사각지대에 대한 지속적인 관심으로 유아 사망자 수가 꾸준히 감소해 420만으로 줄어든 것이다. 이처럼 유아 사망자 수에 대한 포괄적인 정보를 제시하면 부정적이고 절망적인 뉴스가 긍정적이고 희망적인 뉴스로 바뀐다.

입체적인 데이터에 근거한 뉴스는 힘을 갖는다. 지금의 추세가 앞으로도 지속될 것인가의 사회적 가설이 생겨 이에 책임이 있는 사람들은 그렇게 하기 위해서 무엇이 필요한지 연구하고 실행에 옮기게 될 것이기 때문이다. 유아 사망자 수와 관련된 또 하나의 단면을 들여다 보면 사망자 수가 줄어들 수 있었던 구체적인 요인이 무엇인지에 대한 궁금증이 일 수 있다. 쉽게 예상할 수 있듯 유아 사망자 수를 낮춘 데에는 예방접종의 효과가 컸다. 그러나 2014년에 14개 선진국의 1만 2천 명을 대상으로 한 설문 조사에서 다소 당혹스러운 사실이 포착되었다. 전 세계 1살 미만 유아가 예방접종을 하나라도 받은 비율이 몇 %인지 물은 질문에 고작 13%만이 정답을 맞춘 것이다. 그중에서도 일본, 독일, 프랑스는 6%만이 정답을 맞추었다고 하니 선진국이라 하지만 남의 나랏일에는 전혀 관심 없음이 드러난 것이다. 정답은 약 80%로, 전 세계 1살 미만 영유아 5명 중 4명은 예방접종을 받고 있다. 그럼에도 대부분의 사람들은 막연히 개발도상국의 어린이들은 예방접종을 전혀 받고 있지 못하다고 알고 있다. 50년 전에 쓰인 교과서의 내용을 아직도 상식으로 가지고 있다니, 이것도 뉴스거리 아니겠는가?

1720년 흑사병, 1820년 콜레라, 1920년 스페인 독감 그리고 2020년 코로나 바이러스라는 100년 주기의 팬데믹 상황을 정리해 역사적인 맥락에서 미래를 예견하는 경우도 있다. 그러나 인간 수명 연장, 항생제 남용으로 인한 슈퍼 바이러스의 공격, 환경적인 요인에 기인한 신종 바이러스 탄생, 우주 개척으로 인한 미지의 바이러스 출현 등의 이유로 앞날을 예측하는 것은 더 이상 과거의 데이터에 근거하지 않을 수도 있다. 최근의 코로나 바이러스에 대해서는 이제 막 그 실체를 알아가는 시작 단계이지만, 이미 뉴스가 사회적 가설을 제시하고 있다. 무증상 감염자가 있을 수 있다는 것이다.

현재는 유증상자와 확진자 그리고 해외 유입의 경우에 대해서 격리하고 치료하는 것에만 모든 신경이 집중되어 있다. 그러나 확진자와 사망자가 현격히 줄어드는 추세에 있다면 이제는 무증상 감염자에 대한 조사를 진행해야 한다고 본다. 2020년 미국의 뉴욕에서는 5명 중 1명이 감염되었을 것이라는 추정치가 나오고 있는데 역시 통계 선진국다운 접근이라 할 수 있다. 무작위 표본에 대한 검사를 진행하고 유효한 결과를 얻을 수 있는 정도의 표본의 크기라면 우리나라처럼 작은 나라에서는 얼마든지 쉽게 할 수 있는 표본 조사이며, 의지만 있다면 전수를 대상으로도 몇 차례 조사를 할 수도 있다. 이것이 코로나 바이러스와의 2단계 전쟁이라 할 수 있다. 이러한 연구 결과를 바탕으로 향후 백신 접종이 전 국민적으로 필요한지, 개인의 문제인지 국가적 문제인지가 결정지어질 것이다. 무증상 감염자가 분명히 있을 것이라는 사회적 가설은 가만히 놔두면 집단 공포심을 유발하는 뉴스로 남아 있게 된다. 통계적 절차에 의한 사실 파악이 어느 때보다 절실히 요구되고 있다.

열거한 바와 같이 사실에 근거한 뉴스라도 제대로 전달하지 않으면 대중이 엉뚱한 방향으로 생각하게 만들거나 사회의 리더들이 제대로 된 의사결정을 할 수 없도록 하는 폐해가 있다. 10초 정도의 짤막한 내용을 자극적으로 전하는 일부 뉴스는 그 나머지 정보를 독자들이 각자의 수준에 맞게 상상해 받아들이는 결과를 낳는다. 이는 뉴스에 대한 제각기 다른 해석으로 이어지고 가십과 이슈를 생성하여 더 나은 사회로 가는 순기능을 막는다. 이와 달리 입체적인 데이터에 근거한 사실을 뉴스로 전달하고, 그에 따라 생겨난 사회적 가설이 당면 이슈가 되어 해결되는 사회는 지속적으로 발전 가능한 능력을 갖는다. 이러한 프로세스는 과학적인 접근 방법과 창의적인 사회 발전 프로세스를 어떻게 조합해서 시너지를 내느냐의 문제이기도 하다. 창의적이든 과학적이든 생각을 많이 해야 신종 바이러스에 효과적인 대책이 수립될 것이며, 이는 인공지능이 고도화된다고 하더라도 결국 인간의 영역으로 남아 있을 한 가지가 아닐까 한다. 이번 신종 코로나 바이러스 감염증이 우리 사회에 던진 화두도 인간이 100세를 넘기는 이정표의 깔딱고개 역할이 아니었을까 생각해 본다.

서울신문

[기고] 뉴스와 사회적 가설

입력 2020.06.15. 오후 3:31 · 수정 2020.06.16. 오후 4:36

😀💬 14   🔊 가가 ↬

요즘처럼 가짜 뉴스가 난무하는 시기는 없었던 것 같다. 예전의 헛소문을 높여부르는 말 같기도 한데, 진실을 알기 어려운 점은 똑같다. 특히 최근에는 가짜 뉴스의 품질이 첨단 기술의 옷을 입고 있어서 현실을 호도하기도 하고 사회를 혼란에 빠뜨리기도 한다. 의도적으로 만든 가짜 뉴스는 거론할 가치도 없는 거짓말이거나 사실에 근거한 것도 아니라서 널리 퍼졌다고 하더라도 사회적으로 후속적인 이슈가 나올 수 없다.

댓글 ∨

Na_r**
꼭 필요한 기고문입니다. 자극적인 키워드를 앞세워 사회 각 계층을 자극해 조회수만 올리려는 감정적이고 극단적인 뉴스로 지면이 도배되고 있습니다. 그로 인해 너무 많은 사회적 비용과 감정의 낭비, 사회 구성원 간 갈등이 빚어지고 있지요. 숫자와 데이터 및 관련 법령의 변화와 원인, 가치관의 충돌을 객관적으로 따져서 현 상황을 이해하고 개선점을 도모해야 하겠습니다. 동시에 어떤 문제에는 특별한 개선 방안이 없을 수도 있다는 사실. 전통적인 윤리관이나 도덕관이 오히려 상황 타개를 방해한다는 냉정한 현실 인식도 필요하겠고요.

BO**
무증상에 대한 뉴욕의 Approach는 정확히 잘 썼습니다. 한국이 지금 나아가야 할 방향인 듯.

02

기술에 빼앗긴 소소한 것들

새로운 기술이나 신제품이 나오면 얼리 어답터들로부터 시작해 사용하는 사람들의 숫자가 서서히 늘어나다가 어느 시점에서부터는 폭발적으로 늘어나기도 한다. 1990년대 중반에 나온 전자수첩은 계산기에 약간의 메모리 기능이 더해져 있었는데 주머니에 넣고 다니기 불편할 정도로 무게가 상당했다. 당시 다니던 회사에서 창립기념일 기념품으로 첨단 전자수첩을 전 직원에게 나눠 주어서 고객 전화번호와 고객이 좋아하는 노래를 주로 저장해 놓고 아주 유용하게 사용하였다. 전자수첩을 사용하기 이전에는 2백 개 정도의 고객 전화번호를 외우고 다녔지만 스마트폰을 사용하는 지금에 와서는 가족들의 전화번호도 가물거린다. 노래방에서 즐겨 부르던 노래의 제목도 함께 잊어버렸다. 물론 외우고 있는 노래도 없다. 국민적 현상일 것이다. 디지털 기술의 확산으로 뇌 기능은 퇴화하고 손가락의 운동 신경은 진화하고 있다는 연구도 해볼 만하다.

오늘날 주변을 둘러 보면 주산을 가르치는 학원이 그다지 많지 않다. 주산이 뭔지 모르는 학생들도 있을 것이다. 컴퓨터나 전자식 계산기가 나오기 이전에는 대개의 학교에서 주산을 가르쳤다. 주산을 잘하고 싶어 하는 학생이 많았고, 동네마다 주산 학원들도 즐비했다. TV프로에서는 주산왕과 암산왕을 뽑아 신동이라고 불러주곤 했다. 그런데 손가락과 뇌가 연동해서 빠르게 암산을 해내는 이러한 능력이 어느 틈엔가 자취를 감췄다. 이제는 주판을 만드는 산업도 주판을 파는 가게도 찾아보기 힘들다. 어르신들의 손때가 묻은 굵은 주판알로 메워진 큼직한 주판을 엎어 놓고 썰매를 타던 옛 추억이 떠오른다.

원고를 쓰고 있는 지금 이 순간도 컴퓨터의 자판에서 활자를 나열하고 있는 나를 발견한다. 필기구로 장문의 글을 쓰는 일은 하루 종일을 둘러 봐도 좀처럼 일어나지 않는다. 손가락에 굳은살이 박여가며 글씨를 쓰다 보면 저마다의 필체가 생기고 가끔 명필도 나오게 마련이다. 지금은 멋진 서체를 가져다 쓰는 것으로 세상이 바뀌었다. 멋진 필체를 익히는 일은 더 이상 나의 능력과는 상관없는 분야가 되어 버렸다. 이제 개인을 구별하는 서명 정도가 필체의 예술적인 유산이 아닌가 한다. 그것마저 영어로 한다면 한글의 필체는 사라진 것이다. 그러니 서명만큼은 한글로 하는 것을 권한다. 한국적인 것이 세계적인 것이다.

기술의 등장이나 발달로 인해 인간이 궁극적으로 어떠한 세상을 맞이하게 될지는 미지수이다. 비교적 최근에 발생한 트렌드를 잘 기술해 놓은 책이 있다. 제러미 리프킨이 저술한『노동의 종말』에서는 유럽과 미국에서 일어난 기술의 발달과 그에 따른 산업혁명이 어떠한 결과를 가져왔는지를 기술하고, 미래의 노동은 제조에서 사회봉사 등의 비영리 분야로 이전하게 될 것이라는 예측을 하고 있다. 산업혁명 초기에 자동화로 인한 대량생산이 이루어졌고, 세이의 법칙Say's law이 말해주듯이 당시의 경제학자들은 공급이 수요를 창출할 것이라는 믿음을 가지고 있었다. 하지만 대량생산은 노동자의 일자리를 기계가 대신하는 것이므로 실제로는 노동 계층의 일자리가 줄어드는 현상을 경험하였다.

미국의 계층적인 조직은 대량생산에는 유리하지만 생산 과정에서 재고가 많이 발생하는 등 비합리적인 요소들이 발견되었다. 아울러 팀 간 커뮤니케이션이나 협업에도 그다지 효과적이지 못해서 당시 미국 IBM에서도 팀 간에 서류와 자료를 주고받는 전통적인 방식으로 고객에게 전달할 견적서를 작성하는 데 4주가 걸렸다고 한다. 지금은 불과 몇 시간이면 되는 일이다. 미국의 기업들은 기존의 대량생산 방식과 계층적인 조직을 효과적으로 시장에 대응하는 방식으로 전환하기 위해 일본의

린 생산^{24} 방법론과 수평적인 팀 조직을 도입했는데, 그 과정에서 중간 관리자들의 일자리가 대폭으로 줄어드는 현상이 발생하였다. 그리고 대량생산된 물품들은 시장의 포화를 감당하지 못하게 되어 결국 수요에 맞게 생산을 줄여야 하는 역설적인 상황이 되었다. 시장 상황이 스스로 세이의 법칙이 틀렸다고 증명한 것이나 마찬가지였다.

이제 마지막으로 경영자의 일자리가 소멸의 대상이 되었다. 소위 알파벳 'C'로 시작하는 직급들은 높아 보이긴 해도 비정규직에 해당하며 임기를 넘기기 어렵다. 게다가 요즘은 극도로 자본 시장적인 출구전략이 즐비하기 때문에 언제 어떤 일이 벌어진다 해도 이상하지 않다. 회사의 매각과 합병이라는 큰 틀의 변화는 최근에는 심심치 않게 일어나는 이벤트이며, 주식 상장 등을 통해 주주의 구성이 바뀌고 권리가 강해지면 주주 총회의 결과에 따라 회사의 주인도 쉽게 바뀌고 있다.

질량 보존의 법칙으로 이루어진 세상이다. 기술이 우리에게 빼앗아가는 것이 있다면 그만큼 찾아오는 것도 있지 않을까? 생각을 조금 달리해 보면 해석의 차이에서 큰 발견을 할 수도 있다. 나는 기술에 일자리를 빼앗겨 실업 급여를 받는 실업자가 된 것일까? 아니면 기술이 나의 일을 대신해 주는 덕분에 여가 시간을 즐길 수 있는 인간적인 삶을 선물받은 것인가? 후자라면 실업 급여는 휴가비 정도로 생각해 볼 수도 있겠다. 대부분의 교육은 여가를 잘 즐기는 삶에 대해 제대로 알려주지

......
24 Lean Production. 일본의 도요타 자동차가 창안한 생산 시스템. 인력과 설비 등을 최소한으로 유지하며 생산 효율을 극대화하는 방식으로, 도요타 생산 시스템(TPS: Toyota Production System)이라고도 한다.

않는다. 보통 사람들은 정년퇴직이라는 골인 지점까지 어떻게든 경제 활동을 해야 하는 것으로 프로그래밍되어 있다.

기술이 사람에게 시간이라는 귀중한 선물을 주고 있다면, 시간으로 할 수 있는 것들에 대한 고민을 폭넓게 해보는 것이 어떨까 한다. 팍팍한 삶을 살아내느라고 접어 두었던 젊은 날의 버킷리스트를 다시 한번 들여다 보면 거기에 힌트가 있을 수 있다. 『노동의 종말』 저자인 제러미 리프킨은 봉사 활동을 권장하고 있다.

아시아경제 🗗

[톺아보기] 기술에 빼앗긴 소소한 것들

입력 2021.01.04. 오전 11:21 · 수정 2021.01.04. 오전 11:22

😊 2   ◁) 까가 ௴

1990년대 중반 나온 전자수첩은 계산기에 약간의 메모리 기능이 더해져 있었다.
무게도 상당해서 주머니에 넣고 다니기 불편할 정도였다. 고객 전화번호와 고객
이 좋아하는 노래를 저장해 놓고 나름 유용하게 사용했다. 전자수첩을 사용하기
전에는 200개 정도의 고객 전화번호를 외우고 다녔는데 스마트폰을 사용하는
지금에 와서는 가족들의 전화번호도 가물거린다. 노래방에서 즐겨 부르던 노래
제목도 함께 잊어버렸다. 국민적 현상일 것이다. 디지털 기술의 확산으로 뇌 기
능은 퇴화하고 손가락 운동 신경은 진화하고 있다는 연구도 해 볼만하다.

지금 원고를 쓰고 있는 순간도 컴퓨터 자판에서 활자를 나열하고 있는 나를 발견
한다. 필기구로 장문의 글을 써보는 일은 드물다. 손가락에 굳은 살이 박혀가며
글씨를 쓰다 보면 저마다의 필체가 생기고 가끔 명필도 나오기 마련이다. 지금은
멋진 서체를 가져다 쓰는 세상으로 바뀌었다. 멋진 필체를 익히는 일은 더이상
나의 능력과는 상관없는 분야가 돼버렸다.

● ● ●

기술이 사람에게 시간이라는 귀중한 선물을 주고 있다면, 시간으로 할 수 있는
것들에 대한 고민을 폭 넓게 해보는 것이 어떨까 한다. 팍팍한 삶을 살아내느라
고 접어두었던 젊은 날의 버킷리스트를 다시 한 번 들여다 본다면 거기에 힌트가
있을 수 있다. 위에 인용된 노동의 종말 저자인 제러미 리프킨은 봉사활동을 권
장한다.

사회적 넛지와 디폴트 값

몸 속의 2% 부족한 성분을 채워준다는 선전으로 세상에 나온 음료가 있었다. 출시된 지 꽤 오랜 기간이 지났지만 아직도 시장에서 팔리고 있는 음료이다. 세상에 어느 음료가 재료나 상호를 제외하고 이처럼 과학적인 숫자로 어필을 할 수가 있을까? 도대체 2%가 어떤 의미이길래 L사는 음료의 이름을 이렇게 지었을까? 마케팅의 결과로는 대단히 성공했다고 본다. 2%라는 사회적 공감대가 형성되어 사람들의 마음 속에 기준 같은 숫자로 각인이 되었다. '사랑이 2% 부족하다.', '설명이 2% 부족하다.', '정성이 2% 부족하다.' 등 패러디가 봇물처럼 쏟아져 나왔으니 말이다. 게다가 외우기도 쉽고 입에도 잘 달라붙는다. 그렇다면 부족량이 2%가 넘는 경우는 어쩌란 말인가? 그건 이 음료가 진입하고

자 하는 시장이 아니란 것이다. 그럼에도 불구하고 제조사는 부족량이 2%가 되기 전에 바로 이 음료를 마시도록 은근히 권유하고 있다.

요즘 기상청이 매우 곤혹스럽다. 그동안 예보가 잘 맞지 않는 이유를 컴퓨터 장비와 프로그램 탓으로 돌려왔는데, 수천억 원을 추가로 투자하고도 요즘은 특별히 빗나가는 예보가 많아서 면이 서질 않는다. 흑백TV 시절부터 독보적인 기상캐스터로 근무해 왔던 김동완 통보관은 1998년에 『날씨 때문에 속상하시죠』라는 저서로 일기 예보의 고충을 풀어 놓았다. "3월 날씨가 변덕스럽습니다.", "8월 무더위 식혀줄 효자는 태풍." 이러한 풍자는 자연이 원래 그러하니 각자 대비를 잘 하자는 취지의 것이라 생각한다. 언젠가 일기 예보에서 강수 확률을 이야기하는 것을 들은 기억이 난다. 통계적 유의도라는 어려운 용어도 나왔는데, 대충 5% 정도는 통계적으로 틀릴 수도 있다는 것이다. 일기 예보가 틀리면 예보가 틀린 것인지 통계가 틀린 것인지 애매하다. 우산을 가지고 가야 하는지는 각자가 알아서 판단해야 하는 몫이 되어 버렸다. 통계적으로 허용하는 오차 범위 5%가 여러 곳에 광범위하게 이용되면서 지금은 일상적으로 어느 정도 인정해 주는 잘못의 허용 범위로 인식되고 있다. 통계의 생활화를 주장하는 통계인들의 성공적인 단면일까?

L사의 2%와 통계인들의 5%는 사회적으로 받아들여지고 통용되므로 사회적 넛지로 작용한다. 강요하지 않으며 기준을 제시해 사람들이 따르도록 하는 멋진 심리적 기술이다. 일단 이러한 숫자가 자리 잡으면 실질적 표준인 사실상 표준^{De facto Standard}이 되어 버린다. 새로운 기준이 대두될 때 비교하는 기준이 된다는 것이다. 그리고 별다른 대안이 나오

지 않는다면 초기치 또는 기준값이라 불리는 디폴트 값이 되어 버린다. 일반적으로 영어로는 태만이라는 뜻이고 경제학에서는 채무 불이행을 의미한다.

사회적으로 디폴트 값은 큰 영향력을 갖는다. 자동차의 연비 등급과 가전제품의 절전 등급은 소비자가 우선적으로 살피는 정보인데, 정부가 어떤 값을 디폴트로 사용하여 등급을 나누냐 하는 것은 제조사와 구매자 모두에게 넛지가 될 수 있다. 제조사는 최고 등급이 될 수 있도록 기술 수준과 제품의 품질을 높이게 될 것이며 구매자는 최고의 품질을 비싸게 살 것인지 아니면 어느 정도 기준에 맞는 품질과 적절한 가격의 제품을 살 것인지를 결정하게 될 것이다.

| 출처 리처드 탈러, 캐스 R. 선스타인
저/안진환 역/최정규 감수 | 리더스북 |
2018

리처드 탈러와 캐스 선스타인의 『넛지』를 통해 장기 기증자의 수를 늘리기 위한 방법 같은 조금 더 어려운 문제를 고려해 보자. 한 사람이 죽으며 장기를 기증하면 최소 3명을 살릴 수 있다고 한다. 그러나 현시점에서 장기 기증은 문화적, 사회적으로 보편화되어 있지 않고, 사망자 본인의 의지보다는 유가족의 동의가 관건이다. 언젠가 장기 기증이 디폴트인 미래가 올 수도 있다. 자유 민주주의 국가라면 적어도 개인이 싫다면 하지 않을 권리가 보장되므로 옵트아웃[25]의 선택권은 있을 것이다. 그러한 디폴트가 국민적 합의로 작용하려면 장기 기증을 실천한 유가족에겐 장기 기증을 받을 우선권을 주는 인센티브도 필요할 것이다. 주민증에 장기 기증자 가족임을 증명하는 금박 별표 하나를 표시해 주는 것만으로도 큰 넛지가 될 수도 있다.

선택권이 다양할 때 디폴트는 힘을 발휘한다. 의도적으로 사회를 변화시키는 방향으로 디폴트 세팅이 가능하다. 대부분의 사람들은 기본값을 바꾸지 않는 경우가 허다하기 때문이다. 1개월 무상 제공이라는 마케팅에 동의하고 몇 개월 동안 무심코 비용을 내는 것이 그 예이다. 기업은 개인들의 이런 무심함을 파고든다. 그러나 국가는 이러한 심리적 상태를 건강한 사회를 만드는 데 이용하고자 한다. 국민연금을 수급하는 방법에는 여러 가지가 있는데, 기금 고갈이 우려된다면 연금 지급시기를 늦추고 그에 따른 인센티브를 받는 방향으로 유도할 수 있다. 현재는 그에 덧붙여 일하는 기간을 늘려주고 그 기간에 연금 수급을 줄이는 제도를 시행하고 있다.

사회적 디폴트 값은 거시적으로 리스크를 줄이기 위한 방향으로 만들어야 한다. 그러나 세상이 변하는 속도는 빨라지고 있고 기존의 가치들은 영구적이지 않다. 통계학자, 경제학자, 심리학자와 정치인들은 살기 편하고 행복한 세상을 만들기 위해 변화하는 디폴트 값을 찾아내야

•••••
25 이메일을 보내는 것은 허용하되 받는 사람이 수신을 거부하면 이후에는 계속 보낼 수 없도록 한 제도.
    수신하지 않겠다는 의지를 밝힌 이에게는 다시 메일을 보낼 수 없게 규제하는 것.

한다. 과학적으로는 1%의 오류도 허용하면 안 되지만 사회적으로는 좀 더 큰 숫자도 통용되고 있다. 일반인들이 무의식 중에 리스크를 피하고 환경 오염도 줄이며 현명한 판단을 하는 데 도움을 주는 각종 지표들이 넘쳐날 것이다. 사실 그것도 너무 많아서 신중하게 받아들여야 할지도 모른다.

한국경제

[기고] 사회적 넛지와 디폴트 값

입력 2021.01.27. 오전 8:47

 1   ◁╢ 가가 ⌃

몸속의 2% 부족한 성분을 채워준다는 선전으로 세상에 나온 음료가 있었다. 출시된지 꽤 오랜 기간이 지났지만 아직도 시장에서 팔리고 있는 음료이다. 세상에 어느 음료가 재료나 상호를 제외하고 이처럼 과학적인 숫자로 어필을 할 수가 있을까? 도대체 2%가 어떤 의미이길래 L사는 음료의 이름을 이렇게 지었을까? 마케팅의 결과로는 대단히 성공했다고 본다.

2%라는 사회적 공감대가 형성되어 사람들의 마음속에 기준 같은 숫자로 각인이 되었다. '사랑이 2% 부족하다' '설명이 2% 부족하다' '정성이 2% 부족하다' 등의 패러디가 봇물처럼 쏟아져 나왔으니 말이다. 게다가 외우기도 쉽고 입에도 잘 달라붙는다. 그렇다면 부족량이 2%가 넘는 경우는 어쩌란 말인가? 그건 이 음료가 진입하고자 하는 시장이 아니란 것이다. 그럼에도 불구하고 제조사는 부족량이 2%가 되기 전에 바로 이 음료를 마시도록 은근히 권유하고 있다.

댓글 ∨

최*석
결국 지표도 주관적이라 수많은 수정된 지표도 나오지만 상황에 따라 달라집니다.

이*호
12년 전 구매한 넛지를 다시 보게 되네요. 디폴트 기준 선정이 중요함을 새삼스레 알게 되었습니다.

04

실존하는 새로운 변수, 인간

대학에서 경제학은 지독히도 문과적인 학문이며, 대학원에서 경제학은 다분히 이과적인 학문이다. 이론과 실증이 함께하는 경제학은 학문으로나 세상을 이해하는 도구로나 손색이 없어 보였다. 탄탄한 이론적 기반 위에서 데이터를 이용해 경제 모델을 만든 20세기의 경제학은 반박이 불가한 것처럼 보였다. 그러나 실제 경제는 경제학자들이 예상한 것처럼 움직이지 않았으며, 오히려 이론이 현상을 따라가는 경우도 있었다. 실제 경제에 강력한 영향을 미치는 숨어 있는 변수를 찾아내지 못했던 것이다.

2002년 경제학의 근간을 흔드는 사건이 발생했다. 프린스턴대의 명예교수인 대니얼 카너먼은 경제학자와는 거리가 있는 심리학자였다.

그는 인간은 모두 합리적인 선택을 한다는 가정을 흔들었고 증명했다. 카너먼 교수는 이러한 공로를 인정받아 2002년 노벨경제학상을 수상하였으며, 행동 경제학[26]의 창시자가 되었다. 사람들의 감정적인 의사결정이 경제학의 새로운 변수로 떠오른 순간이다. 실제로 인간은 위험을 피하려고 하다가 비이성적인 결정을 하는 경우가 많고, 이는 잘못된 군중 심리로 이어지기도 한다. 이러한 사회 경제적인 또는 과학적인 현상을 설명하고 예측하기 위해서 경제학과 심리학의 결합 같은 학문적 융합 현상이 가속화되고 있다.

코로나에 대응하는 국가별 현황을 이런 맥락에서 보면 단편적으로나마 이해가 될 듯도 하다. 국민을 대상으로 집단 면역을 실험하는 나라, 통계를 조작하고 군중 심리를 부추기는 나라, 초기 검사를 제한적으로 하는 나라 등 나라별로 상황이 다르다고는 하지만 같은 인간으로서 이렇게 다른 의사결정을 내린다는 것은 합리적인 결정과는 다른 변수가 작동하고 있다고 볼 수 있겠다. 결론적으로는 백신과 치료제가 개발되고 나면 점차 진정은 되겠지만, 새로운 변수라는 측면은 인간에게 유리한 것만 있는 게 아니니 최악의 상황에도 대비하는 자세가 어딘가는 있어야 하겠다.

운전을 하다가 내비게이션이 안내하는 것을 무시해본 적이 있을 것이다. 방대한 양의 교통 데이터를 근간으로 정보를 제공하는 장비를 무시한 결과가 어땠는가? 경험에 의존해 목적지까지 무탈히 도착했을 것

.....
26 인간의 행동을 관찰하여 얻은 결과를 경제학적으로 분석하는 학문.

이다. 내비게이션의 경우도 이러한데, 하물며 현재의 인공지능이 제공하는 정보를 확실히 신뢰할 수 있겠는가? 지금은 그렇지 않을 것이다. 인간에게는 경험이라는 변수가 존재하며, 그러한 경험에 따른 자신만의 의사결정을 맹신하는 경향이 있다. 설사 틀렸다고 하더라도 자신의 결정에 따른 것이라 만족하는 경우도 있다. 그러나 조만간 인간이 고도화된 인공지능을 탑재한 시스템에 중독되거나 의존하게 되는 단계가 올 수도 있다. 이때 인간의 의사결정은 의심 없이 인공지능의 정보 또는 지시에 따르게 될 것이다. 일단 이러한 증상이 만연하여 바람직하지 않은 사회 현상이 발생한다면 코로나와는 비교도 될 수 없는 노력과 비용이 들어갈 것이다.

마트에 가면 카트를 빌리는 데 줄을 서고, 은행이나 공공 기관에 가면 번호표를 받아 보이지 않는 줄을 선다. 코로나 바이러스 검사를 받기 위해 사회적 거리를 유지하며 줄을 서야 하며, 죽어서도 화장장에서 관에 눕힌 채로 줄을 선다. 줄을 서는 것에 대한 사람들의 노이로제는 만국 공통일 것이다. 특히 코로나 이전의 공항은 단계별로 길고 긴 줄의 스트레스를 제공하는 곳이기도 했다. 줄 서기라는 공중도덕이 우리 사회에 자리 잡힌 가운데, 공식적 새치기를 비즈니스 프로세스에 이용해 성공한 사례가 있다. 스타벅스의 사이렌 주문이다. 사무실에서 미리 주문해 놓으면 기다릴 필요 없이 바로 받을 수 있다. 커피의 맛과 새치기하는 쾌감을 함께 제공해 성공한 사례이다. 인간의 근본적인 심성을 마케팅에 이용한 사례이지만 손가락질을 당하기보다는 경쟁사가 너도나도 따라 하는 모델이 되었다.

인간의 비이성적인 판단을 치열한 커피 전문점의 마케팅 전략으로 이용한 것은 우연이 아니며, 이는 엄청난 연구와 수많은 실험의 결과로 나온 결과이다. 액센츄어의 폴 도허디와 제임스 윌슨은 『HUMAN + MACHINE 휴먼 + 머신』에서 "과학에서 가설을 증명하지 못하는 실험을 실패라고 부르지 않고, 데이터라고 부른다."라는 멋진 문구를 사용했다. 충분한 실패의 데이터가 성공으로 가는 길을 제시하는, 미래의 데이터를 바라보는 새로운 가치관을 정의했다고 본다. 인간이라는 진부한 변수를 새롭게 정의해 데이터화한다면 지금까지의 모든 변수들과의 관계는 달라질 것이다. 2차원과 3차원이 하늘과 땅 차이였듯이 새로운 변수의 출현도 마찬가지이다.

국가 정책에 있어서도 이러한 새로운 변수의 작동을 면밀히 들여다볼 필요가 있다. 정부가 정책을 입안하고, 국민은 피하고, 추가 정책이 나오지만 그에 잇따라 새로운 측면이 나타나곤 한다. 이러한 대결적인 반복 속에서 간과되는 것이 인간의 비이성적인 속성이 아닐까. 인간을 교과서적인 함수 계산이나 사회 조절 기능으로 압박해 원하는 방향으로 끌고 가는 데에는 한계가 있을 수밖에 없다. 스타벅스의 사례에서 보았듯이 기본적인 목적을 이루기 위해서는 전문가들과 협업적인 견지에서 추가적인 변수의 발생 가능성을 연구할 필요가 있다.

칼럼 ⌄

[톺아보기]실존하는 새로운 변수, 인간

f 🐦 [↗] 최종수정 2020.07.15 12:45   기사입력 2020.07.15 12:40

탄탄한 이론적 기반위에서 데이터를 근간으로 경제 모델을 만드는 20세기의 경제학은 반박이 불가한 것 처럼 보였다. 그러나 실제 경제는 경제학자들의 예상한 것처럼 움직이지도 않았으며, 한술 더 떠서 발생한 경제 현상을 경제 교과서에 기술해서 따라가는 경우도 있었다. 실제 경제에 미치는 숨어 있는 강력한 변수를 찾아내지 못했다는 것이다.

2002년 경제학의 근간을 흔드는 사건이 발생했다. 프린스턴대의 명예교수인 대니얼 카너먼은 경제학자와는 거리가 있는 심리학자였다. 그는 인간은 모두 합리적인 선택을 한다는 가정을 흔들었고 증명했다. 카너먼 교수는 이러한 공로를 인정 받아 노벨경제학상을 수상했고 행동 경제학의 창시자로 인정 받았다. 사람들의 감정적인 의사결정이 경제학의 새로운 변수로 떠 오르는 순간이다.

실제로도 인간은 위험을 피하기 위하여 비이성적인 결정을 하는 경우가 많이 있으며, 쉽사리 잘못된 군중 심리로 이어지기도 한다. 사회 경제적인 또는 과학적인 현상을 설명하고 예측하기 위해서 경제학과 심리학의 결합 같은 학문적 융합의 현상이 가속화 되고 있다. 인간의 비이성적인 판단을 치열한 커피 전문점의 마케팅 전략으로 이용한 것은 우연이 아니다. 엄청난 연구와 수많은 실험의 결과로 나온 결과일 것이다.

댓글 ⌄

조*형
실패가 데이터라는 얘기를 보니 테슬라의 오토파일럿이 딥러닝하는 것과 일맥상통하는 듯요.^^

방*찬
역사가 인류 실패의 데이터를 잘 보여줍니다. 그 많은 시행착오와 오판을 했으면 쌓인 데이터를 활용해서 성공의 역사를 만들 직도 한데 여전히 실패의 데이터만 양산하고 있다는 생각입니다. 비즈니스 세계에선 실패가 성공으로 가는 징검다리일 수는 있지만, 역사에서는 잘 안 통하는 것 같네요. 데자뷰처럼 과거의 실패를 오늘 다시 보는 듯한 기분입니다. 예전보다 좋아진 것도 많지만 안 좋아진 것도 덩달아 많아진 느낌입니다.

05

한국의 룬샷 프로젝트

'긍정적이고 말도 안 되는 프로젝트'라는 명제는 이율배반적이다. 이는 주장하는 사람은 확신에 차 있으나 일반인들은 이해할 수 없는 수준의 계획으로, 엉터리 계획과는 마땅히 구분되어야 한다. 초고화질의 선명도를 자랑하는 TV가 팔리는 요즘 시대에 흑백TV를 만드는 프로젝트는 엉터리이다. 그러나 '홀로그램 디스플레이가 가능해서 따로 화면이 필요 없고 시계처럼 손목에 찰 수 있는 핸드폰'은 최근의 홀로그램 기술의 발전으로 볼 때 조만간 가능할 수도 있겠다는 생각이 든다.

지금은 죽고 없는 유명 가수의 콘서트를 홀로그램으로 재현할 정도로 기술이 발전하고 있는 와중에 현대인은 한 손에 핸드폰을 들고 다니다가 한손잡이로 퇴화한 느낌이다. 인간을 원래 양손이 자유로운 상태로 돌려놓는 프로젝트는 어딘가에서 마땅히 연구되고 있어야 한다. 홀로그램 기술이 공상과학 영화 속에만 있었을 시절, 이러한 유의 프로젝트로 룬샷이 있었다.

| 출처 사피 바칼 저/이지연 역 | 흐름
출판 | 2020

물리학자인 사피 바칼은 저서 『룬샷』에서 이를 문샷moonshot과 대비해 설명했다. 달에 우주선을 쏘아 올리는 중요하고도 세간의 관심을 받는 문샷 프로젝트와 달리, 주창자가 나사 빠진 사람으로 취급받고 무시와 홀대를 당하는 프로젝트가 바로 룬샷이라는 것이다. 룬샷의 사례는 아이디어에서 그치는 경우가 허다하다. 실험의 결과로 문서화된다 해도 현실화되는 경우는 드물다. 룬샷이 현실화되는 것은 곧 역사적인 사건이 발생하는 것과 마찬가지다. 그것은 전적으로 실행력을 가진 사람에 의해 이루어진다. 정치적 색채가 강한 대통령이나 유연함이라고는 찾아보기 힘든 군대의 장군을 기어코 설득하는 지독한 사람들이 간혹 있기는 하다.

미국의 과학자인 버니바 부시는 1945년 당시의 트루먼 대통령에게 쓴 보고서에서 기초과학은 국가 안보, 경제 성장과 질병 퇴치에 필수적이므로 민간에만 맡길 수 없다고 하였다. 미국의 국가적 연구 시스템의 큰 틀이 만들어지는 순간이었다. 부시는 무선 통신을 이용해 레이더를 만드는 기술이 이미 18년 전에 개발되었으나 미해군이 무시하는 바람에 사장되었다는 것을 알아냈다. 그 당시 독일은 첨단 잠수함인 U보트로 연합군과의 해전에서 막대한 승전보를 올리고 있었으며, 전쟁은 독일이 우세한 양상을 띠고 있었다. 하지만 부시 덕에 빛을 본 레이더 기술이 미국의 항공기에 탑재되었고, 이들은 독일의 U보트를 찾아내어 격퇴했다. U보트가 순식간에 사냥꾼에서 사냥감으로 전락한 것이다. 결국 전쟁은 연합군의 승리로 끝나지만, 이러한 결정적인 기술이 조금만 더 빨리 실현되었더라면 전쟁으로 인한 피해는 훨씬 더 줄었으리라 생각한다.

부시가 이끄는 과학연구개발국은 레이더 같은 론샷 뿐만 아니라 페니실린, 말라리아, 파상풍 등의 연구로 병사들의 감염병 사망률을 20배나 낮추었다. 우리가 잘 알고 있는 미국의 원자폭탄 프로젝트도 부시의 론샷으로 알려져 있다. 부시의 보고서에 자극받아 만들어진 론샷들에는 이미 잘 알려진 GPS, PC, MRI, 심박조율기, 인공심장 그리고 심지어는 구글의 검색 알고리즘까지 있다고 한다. 또한 부시의 보고서 덕에 연방정부가 고품질 실리콘 결정을 연구하는 분야에 투자하여 지금의 전자 시대를 개척한 트랜지스터가 탄생되었다 하니 부시의 혜안과 추진력이 부러울 따름이다.

이에 반해 우리나라는 기초과학보다는 첨단 분야에 치중하다 보니 기초과학으로 해결할 수 있는 부분을 외국에 의존하는 경우가 많다. 일본이 수출을 제한한 반도체 제조 공정의 화합물이나 해외 제약 업체들이 개발하고 있는 코로나 바이러스 백신이 그러한 사례이다.

과거의 전쟁을 들여다 보면 군대의 전쟁 준비란 기존 무기나 군수장비를 얼마나 더 확보하느냐의 게임이었다. 기술의 발전은 제쳐 놓고 수량과 속도만 가지고 전쟁의 승리 확률을 계산할 뿐이었다. 그러나 결과적으로 역사 속의 그 어느 때보다 전쟁을 치르는 과정에서 기술이 급성장했으며 그렇게 발전한 기술은 전쟁의 양상과 그 이후의 세상을 바꿔 놓았다. 신무기가 나오는 경우에 전쟁은 일방적으로 싱겁게 끝나기 마련이다. 우리나라도 임진왜란 때 칼과 총의 기술 격차를, 한국전에서 신무기의 절실함을 뼈저리게 느끼지 않았는가.

IT의 발달에도 여러 단계의 룬샷을 볼 수 있다. 대형 컴퓨터를 운영하는 시스템만 존재하던 시기에 마이크로소프트는 개인용 Windows 시스템을 만들어서 집집마다 컴퓨터가 존재하는 룬샷을 이루었고, 1999년에는 다수의 Windows를 수용하는 가상 시스템인 VMware가 등장했으며, 4차 산업혁명 시기에는 이러한 시스템들을 컨테이너에 올려서 실행할 수 있는 클라우드의 IaaS^{Infrastructure as a Service}가 나오기에 이르렀다. 애플리케이션을 담을 수 있는 그릇이 점점 커지는 모양새이다. 아마존, 구글, 마이크로소프트가 벌이는 이러한 혁신은 세상에 나오기 전에 아무도 알아주지 않았던 아마추어 같은 시절을 10년 이상 견디고 이겨냈다는 사실을 간과하면 안 될 것이다.

아이디어를 만들어 내기 위해서 과학자들은 괴상한 것들을 탐구할 수 있는 기회와 독립성이 보장되어야 한다. 바로 이러한 사상이 부시의 보고서에 담겨 있는 국가의 과학 사업이다. 이제는 서류더미 속에 잠자던 보석 같은 아이디어를 인공지능의 도움으로 순식간에 모조리 찾아볼 수 있는 세상이 되었다. 조선시대 같은 사상적인 논쟁이 아니라 비즈니스적인 눈과 마음으로 들여다 본다면 아이디어를 필요한 곳으로 옮겨서 실현할 수 있는 방법이 무수하다. 한국은 세계의 비즈니스 리더들이 글로벌 전략을 시험하는 성숙한 시장이다. 한국 기업이 시작하는 룬샷 프로젝트가 지구를 강타하는 날이 오기를 기대해 본다. 기초과학의 노벨상도 한국 과학자가 타고, 세계의 인공지능들이 한국의 기초과학 논문을 뻔질나게 참고하는 발칙한 상상을 해본다.

[김동철 칼럼] 한국의 '룬샷' 프로젝트가 지구를 강타할 날

기사승인 2021. 03. 22. 18:01

물리학자 사피 바칼은 저서 룬샷(Loonshot, 2020)에서 달을 향한 우주선 발사 같은 세간의 관심을 받는 중요 프로젝트인 문샷(moonshot)과 대비해서, 룬샷이란 그 주창자가 나사 빠진 사람으로 무시당하고 홀대당하는 프로젝트라고 했다. 그래서 룬샷은 아이디어에서 그치고 현실화되지 못하는 경우가 허다하다. 그러나 강한 실행력을 지닌 사람이 추진하면 룬샷은 획기적 역사가 된다.

댓글 ⌄

남*수
사상누각(沙上樓閣)이라는 말이 생각나네요. 기초를 다지는 일에 국가적 사회적 역량을 기울입시다!

이*호
발칙하지만 기분 좋은 발상이네요.^^ 힘내라! 대한민국.

06

빅데이터와 인공 지능이 가르쳐 주지 않는 것들

초중고의 12년은 정답이 있는 교육 제도이다. 학생들의 능력 향상을 확인하는 방법으로 오랫동안 사용되어 온 방법이다. 그러나 대학에 들어가는 순간 정답은 사라진다. 사회에 나오면 극도의 혼란이 아무런 여과 장치 없이 넘쳐난다. 이런 와중에 진짜 뉴스와 가짜 뉴스를 구별할 수 있는 사람은 얼마나 될까? 열쇠는 사실에 근거하고 있지만 아무도 알려주지 않는다. 요즘은 알 수 없는 사실을 '깜깜이'라는 단어로 통칭해서 사용하는 사례도 있다. 이공계의 엔지니어링 기법은 복잡한 문제를 모델링이라는 프로세스로 풀어내지만 사회적 현상을 엔지니어링하는 것은 범위를 벗어나 보인다.

빅데이터와 인공지능은 엔지니어링과 사회 현상을 연결하는 훌륭한 방법론이자 매개체이다. '데이터는 세상을 이루는 삼라만상'이라 보는 것이 빅데이터의 궁극적인 가치이며, 초기 단계이기는 하지만 인공지능은 이러한 데이터를 정보로 바꾸고 있다. 그런 측면에서 본다면 아직도 저장되고 있지 않은 데이터는 엄청날 것이고, 반대로 저장되어 있는 데이터 중 쓸모없는 것들도 상당할 것이다. 데이터도 마땅히 라이프 사이클이 있는 것이니 때가 되면 폐기되어야 한다. 이러한 일들은 사람이 정해 놓은 규칙에 따라 인공지능이 충분히 해낼 수 있다. 인공지능의 한계는 어디일까?

식탁에 사과와 포도가 하나씩 담겨 있는 접시 하나가 있다. 인공지능은 접시 위에 있는 사과 한 알과 포도 한 송이라고 인지할 것이다. 그러나 누가 먹으려고 놔둔 것인지, 아니면 정물화의 대상으로 가짜 과일을 놓은 것인지는 알려주지 않는다. 빅데이터를 단순히 정보로 바꾸는 것을 넘어선 부분, 즉 정황이나 맥락까지는 인공지능이 알기 어렵다. 인간이라면 어린아이도 쉽게 파악할 수 있는 정보이지만 인공지능 측면에서는 어려운 것이다. 빅데이터는 인과관계보다는 상관관계에 의지하기 때문에 사람 관점에서는 말도 안 되는 상황을 추론해 내어 분석가들을 당황하게 만들곤 한다.

세계 빈민 구호 단체는 어려운 상황을 찾아내 가능한 한 조금이라도 도움을 주고자 한다. 자금을 모으는 활동부터 실제 물품을 제공하고 봉사 활동하는 것까지 세밀하게 기획하고 실행한다. 그리고 결과에 대한 보고서를 만들어 활동에 대한 효과를 보도한다. 이러한 일의 사전 단계에는 사회학자나 경제학자들의 사전 예측도 포함되는데, 그 결과를 인공지능에게 물어볼 수 있을까? 앞서 이야기한 바와 같이 인공지능이 맥락을 예측하기는 상당히 어렵다. 지금보다 수준이 높아진다고 하더라도 답하기 어려울 것이다. 여기서 한 가지 사례를 들어보자면, 아프리카 어린이 노동력 착취를 근절하기 위해 세계는 어린이 노동력 착취로 만들어진 제품의 불매 운동을 벌였다. 과연 어린이들의 삶은 나아졌을까? 결과는 전혀 다른 방향으로 나타났다. 어린이 노동력 착취 기업이 어려워지면서 거기서 일하던 어린이들은 그나마 있던 일자리도 잃으며 경제적으로 더 어려운 상황으로 내몰리게 되었다. 물론 이 사건은 사람도 잘못 예측한 경우지만, 맥락을 모르는 인공지능으로는 불매 운동을 왜 해야 했는지, 그 원인을 파악하기조차 어렵다.

귀신도 모른다는 주가를 알아맞히려고 각종 알고리즘으로 빅데이터와 인공지능을 연결하고 있다. 유럽의 통화 단일화로 유로가 탄생한 후 1992년에 일어난 일련의 사건을 생각해 보자. 유럽의 여러 나라는 자국의 입장에 따라 환율 등 서로 다른 문제가 발생할 수 있었다. 독일은 높은 금리로 자국통화에 무게를 두려고 하지만, 영국은 저금리와 불황에 독일과 같은 정책을 펼 여력이 없었다. 그때 지금 수준의 인공지능이 있었다면 검은 수요일[27]을 예측할 수 있었을까? 잘 알려진 투자자인 조지 소로스는 이런 상황을 예측하고 파운드를 대거 공매도하는 방법으로

.....

27 영국의 파운드화가 폭락한 1992년 9월 16일 수요일. 유럽 각국의 통화가 불안해진 틈에 조지 소로스가
    파운드화를 투매하고 거기에 다른 헤지 펀드들이 가담한 결과 영국 정부가 유럽 환율 메커니즘(ERM)
    을 탈퇴하게 된 사건.

영국의 중앙은행 파산을 유도하고 천문학적인 돈을 벌어들였는데, 이는 거시경제 교과서에 나올 법한 사례이다. 그 후로도 전 세계적인 주식의 큰 변동이 몇 차례 더 있었고, 이제는 이런 일들도 수년에 한번은 나올 수 있다는 가정이 통하는 불확실성의 세상이 되었다.

이러한 불확실성은 다시 빅데이터와 인공지능에 의존하는 계기가 되기도 한다. 취직을 위해 프로그래밍만을 전문으로 배운 세대나 데이터를 무작정 분석의 대상으로 보는 공격적인 분석가들은 인문학적인 가치관과는 동떨어진 새로운 결과를 만들어 낸다. 그리고 결과의 적합성과 해석의 여부는 대중에게 맡기는 무책임함이 뒤따른다. 지금까지의 기술 발전으로 미루어보건대 인공지능은 현존하는 모든 기술과 언어를 습득하고도 남았을 시간을 보냈음에도 현실과 큰 괴리가 있다. 고도의 알고리즘을 사용하는 투자 상품들이 국민의 신뢰를 무너뜨리는 도구로 사용된 사례도 있다.

복잡한 계산은 컴퓨터와 시간이 해결해 준다. 알고 싶은 답을 구하는 일은 알고리즘을 잘 짜면 해결이 가능하다. 오늘날 빅데이터와 인공지능이 진정으로 이행해야 할 역할은 IT 기술과 인류의 지혜를 합해 새로운 차원으로의 문을 여는 것이다. 알파고는 바둑 10단을 넘어선 새로운 차원을 제시했지만, 바둑밖에 모른다는 한계는 어쩔 수 없을 것이다. 인류의 지혜는 인문학에서 찾아야 한다. 책방에 즐비한 세계적인 석학들의 책 속에서는 지금까지의 수많은 사례들이 재조명되고 재해석되고 있다. 인문학의 눈으로 본 빅데이터와 인공지능은 어떠한 의미를 가지고 있을까? 우리나라는 그저 사용자 입장에만 머무르고 있는 것은 아닌지 생각해 보게 된다. 최악의 시나리오는 누군가가 던져준 의미 없는 문제에 몰입해서 소중한 자원을 낭비하는 것이다. 아무런 인사이트와 맥락이 없는 빅데이터와 인공지능은 자금과 시간을 먹는 하마일 수도 있다. 인공지능을 만들고 세계의 인구들이 쓰게 만드는 업계의 리더가 아니라면 특정한 문제를 해결하는 방향성이라도 가져야 할 것이다.

Digital Today

빅데이터와 AI가 가르쳐주지 않는 것들

지 김동철 공학박사(에스원글로벌 고문) ⊙ 입력 2021.01.11 10:17 ⊙ 수정 2021.01.12 12:23

f ○ ●
🖶 ∞ 가 가

초중고 12년은 정답이 있는 교육제도이다. 학생들의 능력 향상을 확인하는 방법으로 오랫동안 사용되어 온 방법이다. 그러나 대학에 들어가는 순간 정답은 사라진다. 사회에 나오면 극도의 혼란이 아무런 여과 장치 없이 넘쳐난다.

진짜뉴스와 가짜뉴스를 구별할 수 있는 사람은 얼마나 될까? 열쇠는 사실에 근거하고 있지만 아무도 알려주지 않는다. 요즘은 알 수 없는 사실을 '깜깜이'라는 단어로 통칭해서 사용하는 사례도 있다. 이공계의 엔지니어링 기법은 복잡한 문제를 모델링이라는 프로세스로 풀어내지만 사회적 현상을 엔지니어링하는 것은 범위를 벗어나 보인다.

빅데이터와 인공지능은 엔지니어링과 사회현상을 연결하는 훌륭한 방법론이자 매개체이다. 원래 세상은 데이터로 이루어져 있다고 보는 것이 궁극적인 빅데이터의 가치이다. 초기단계이지만 인공지능은 이러한 데이터를 정보로 바꾸는 단계에 있다.

그런 측면에서 본다면 아직도 저장되고 있지 않은 데이터는 엄청날 것이다. 반대로 저장되어 있는 데이터 중에는 쓸모 없는 것들도 상당할 것이다. 데이터도 마땅히 라이프 사이클이 있는 것이니 때가 되면 폐기되어야 한다. 이러한 일들은 사람이 정해 놓은 규칙에 따라 인공지능이 충분히 해낼 수 있다. 인공지능의 한계는 어디일까?

댓글 ⌄

한*도
인사이트와 맥락이 없는 빅데이터와 인공지능은 자금과 시간을 먹는 하마일 수 있다는 표현이 와닿습니다.

최*극
이젠 정답을 찾는 것보다 문제를 찾는 역량이 필요한 시대가 된 것 같습니다.

어쩌다 과학

침대는 과학이다. 스포츠도 과학이다. 이런 식으로 가면 모든 것이 과학으로 모이지 않을까? 과학은 논리적이고 데이터에 기반한다. 실험을 통해 효과를 증명할 수 있어야 한다. 과학적인 접근은 현재의 현상을 객관적으로 설명하기도 하지만 같은 조건에서는 확장도 가능하다. 침대가 과학이라는 광고를 접했을 때 고정관념으로 머리가 굳어버린 어른들은 냉소적인 반응을 보이기도 했지만, 어린이들은 말하는 그대로 받아들였던 것으로 기억한다. 침대를 만들던 장인들의 침대를 만드는 기술은 장인의 머릿속에 저장되어 있었고, 도제식 사회에서 장인의 기술을 제자의 뇌로 전수하는 데는 수십 년이 걸렸다. 사실 똑같은 기술이 전수되었다고 확신하기도 어렵다.

과학적으로 확장된 미래의 침대는 어떤 모습일까? 침대는 사람의 뇌가 잠을 자는 동안 모든 신체와 교감을 나누는 운동장이다. 각종 실험을 통해 얻어진 과학적인 데이터를 기반으로 오늘날의 침대가 만들어졌다. 바야흐로 장인의 머릿속에 있던 침대의 기술이 누구나 접근이 가능한 데이터로 변환된 것이다. 침대를 사용하는 사람들의 컨디션은 천차만별이다. 피곤한 사람이나 환자가 쓰는 경우, 호텔처럼 여러 사람이 쓰는 경우 등 모든 경우에 동일한 침대가 사용될 수 없다. 이제 빅데이터로 개인화된 세상이 왔으므로 누구나 맞춤 침대를 사용할 수 있다. 센서가 달린 침대에서 자는 모습을 찍은 후 온몸이 최적의 수면 상태를 보여주는 때의 데이터를 모델링해서 사용자에 적합한 침대를 만드는 것이다. 극단적인 예로 허리 디스크를 수술한 환자가 쓰는 침대에는 반드시 그러한 개념이 들어가 있어야 하지 않을까?

'스포츠도 과학이다.'라는 말에는 여러 의미가 있을 수 있다. 주로 경쟁에서 이기기 위해 한계를 극복하는 도구로서의 과학적인 방법을 이야기하곤 한다. 가령 야구에서 데이터는 투수가 무슨 공을 던질지 이미 알고 있다. 또한 타석의 타자가 어떤 공을 잘 치는지도 이미 알고 있다. 야구 시합 중계 화면에는 이러한 종류의 각종 데이터들이 즐비하다. 인공지능을 탑재한 카메라들은 선수나 공을 알아서 쫓아 다닌다. 그런데 이처럼 이기는 것에 집중하다 보니 운동을 잘하는 사람에게만 과학의 혜택이 주어지는 듯하다. 학교의 체육 시간에는 어떠한 교육이 과학적으로 이루어지고 있을까? 대학 진학을 위해 점수를 따는 체육은 국민 보건 향상이라는 목적과는 거리가 있어 보인다. 대개의 경우 체육 시간에 축구를 할 때 몇몇 잘하는 학생끼리 편을 갈라 시합을 하고 나머지 학생들은 응원을 해야 했던 재미없는 추억이 있을 것이다. 그런 경험으로 체육에 흥미를 잃어버린 학생들은 평생 체육이라는 것과는 담을 쌓고 살아가게 된다.

| 출처 존 레이티,에릭 헤이거먼 저/이 상헌 역 | 녹색지팡이 | 2009

하버드 의대의 임상정신과 교수인 존 레이티와 과학잡지 〈포퓰러 사이언스〉의 편집자인 에릭 헤이거먼이 공동 저술한 『운동화 신은 뇌』에서 체육에 학생들의 흥미를 연결시키는 빅데이터적인 질문과 해답을 얻게 되었다. 학교의 체육을 평생 운동으로 연결하는 방법은 없을까? 어떻게 하면 체육에 흥미를 잃은 학생들에게 더욱 더 건강하고 밝은 미래를 열어줄 수 있을까? 좀 더 과학적으로 운동을 설명하는 방법은 없을까? 이 책은 이러한 질문들에 의미 있는 답을 주고 있다. 바로 개인화된 운동 결과를 존중하는 것이다. 미국의 네이퍼빌에 있는 체육 교사들은 수업 전에 0교시 체육을 실시해 학생들에게 초시계와 맥박계를 주고 1마일을 달린 후 달리기에 걸린 시간과 맥박을 스스로 측정하게 하였다. 늦게 달린 학생들도 맥박이 한계치에 이르렀다면 수준에 맞게 열심히 뛴 것이라고 인정해 주었다. 다시 말해 달리기가 늦었다고 체육 점수를 잘 못 받는 것이 아니라는 것이다. 학생들은 이러한 방식

의 수업에 익숙해지고 체력이 늘어나게 되어 결국에는 체육에 조금씩 흥미가 생기기 시작했다. 이것은 우연이 아니었다.

예상치 못한 결과도 있었다. 0교시 체육 수업에 참여한 학생들의 학업 성취도에 엄청난 변화가 일어나기 시작한 것이다. 학생들의 신체가 활발하게 깨어 있는 상태로 수업에 임하게 되므로 지식을 받아들이는 능력이 향상되는 것은 어찌 보면 당연했다. 유사한 조건의 다른 학교와 비교해서도 네이퍼빌 소재의 학교는 우수한 성적을 보여주었다. 평범했던 학교가 세계 과학 대회에서 1등, 수학 대회에서 6등을 차지하는 놀라운 성적을 거두었다. 이후로도 대학 입시 같은 중요한 시험 당일 달리기를 하고 시험에 임하는 학생들이 생겼다고 하니 개인화된 달리기는 그 효용이 과학적으로 증명되었을 뿐 아니라 실제적으로도 학생들의 삶에 미친 영향이 상당했음을 알 수 있다. 오후에 브레인스토밍이 계획되어 있을 때 점심 시간에 격렬한 운동을 하면 좋은 효과를 얻을 수 있다고 한다. 한번 시도해 보길 바란다.

달리기도 좋지만 단순히 걷는 것만으로도 뇌에 긍정적인 영향을 미칠 수 있다. 캘리포니아 대학의 노화 및 치매연구소장인 칼 코트먼은 인지 능력 감소를 막아주는 요소로 교육, 자기 효능감, 그리고 운동을 꼽았는데, 운동은 아주 뜻밖의 발견이었다고 한다. 결과적으로 운동이 뇌가 작동하는 모든 상태에 상당한 영향을 미친다는 것이 의료계에서 과학적으로 밝혀진 것이다. 스트레스를 받고 있다면 몸과 마음이 정상적인 상태를 벗어난 것이다. 스트레스 호르몬이라 불리는 코르티솔이 분비되면 스트레스에 대응하거나 회피하려는 프로세스가 시작된다. 이런 경우에 집중할 수 있는 간단한 운동만으로 스트레스에서 벗어날 수 있다. 뇌를 껐다가 다시 켜는 효과라고도 한다.

침대처럼 과학을 이용해 마케팅하는 것도 좋은 전략이다. 스포츠를 과학으로 연결하여 증명하고 산적한 여러 문제를 해결하는 것도 바람직하다. 코로나 시대에 단순한 마스크가 어떠한 영향을 발휘하는지에 대해서도 과학적으로 살펴볼 수 있을 것이다. 사실 마스크는 코로나와 상관없이 평생 써야 하는 것일 수도 있다. 100년 전 스페인 독감 때의 사진을 보면 그 당시도 마스크를 쓰고 있는 것을 볼 수 있다. 마스크에 관한 '어쩌다 과학'이 국민운동으로 이어지면 불필요한 어려움을 겪지 않아도 되고, 네이퍼빌의 사례와 같은 뜻밖의 훌륭한 결과를 가져올지도 모른다.

한국경제

[기고] 어쩌다 과학

입력 2020.12.22. 오전 9:52 · 수정 2020.12.22. 오전 11:39

😛 8   🔊 가가 ↗

침대는 과학이다. 스포츠도 과학이다. 이런 식으로 가면 모든 것이 과학으로 모이지 않을까? 과학은 논리적이고 데이터에 기반한다. 실험을 통해 효과를 증명할 수 있어야 한다. 과학적인 접근은 현재의 현상을 객관적으로 설명하기도 하지만 같은 조건에서는 확장도 가능하다. 침대가 과학이라는 광고를 접했을 때 고정관념으로 머리가 굳어버린 어른들의 반응은 냉소적인 경우도 있었겠지만, 어린이들은 말하는 그대로 받아들였던 것으로 기억한다. 침대를 만들던 장인들은 침대를 만드는 기술이 본인의 뇌에 저장되어 있었다. 도제식의 사회에서 제자의 뇌로 기술을 전수하는 데는 수십년이 걸렸다. 사실 똑같은 기술이 전수되었다고 확신하기도 어렵다.

댓글 ⌄

S6****
정말 엘리트 체육 말고 일상의 체육을 좀 더 활성화해야 할 듯하네요. 같은 상황에 있던 사람들에게서 코로나 양성과 음성이 동시에 판별될 경우에 데이터를 분석해 보면 평소 운동량과 상관이 나올 수 있지 않을까 과학을 빌어 추론해 봅니다.^^

Dran**
감기 바이러스에 마스크는 100년 전부터 상식이었군요.^^ 유익한 글 잘 봤습니다.

팬데믹에 대한 공격적인 예상과 예측

팬데믹 상황이라 전 세계적으로 모든 것들이 극도로 예민해져 있다. 그래도 지금의 상황이 인류 역사상 처음이 아니라는 점에서 과거와는 뭔가가 달라야 한다는 생각이다. 기존에 하던 방식을 좀 더 빨리하는 정도로는 한계가 있다. 그런 식의 방법은 누구나 쉽게 예상하고 그에 따른 결과도 쉽게 예측할 수 있지만, 혁신적인 방법은 예상하기도 결과를 예측하기도 어렵다. 예상과 예측은 뉘앙스는 비슷하지만 깊이를 더하면 엄청난 차이를 갖는다. 인류를 괴롭히는 것들은 생각보다 변화무쌍하고 파괴적이다. 그러한 분야에 대응하여 살아남기 위해서는 그보다 더 큰 무기를 준비해야 할 것이다. 이러한 접근이 예상이다.

예상은 경험에 의존한다. 점을 보는 것도 일종의 경험에 따르는 예상이다. 예상은 생각의 주체에 따라 상당히 다른 진폭을 갖는다. '긍정적이냐 또는 부정적이냐', '진보이냐 보수이냐'에 따라, 심지어는 성별과 교육 수준별로 큰 차이를 보일 수 있다. 어느 신생 회사에서 신제품을 개발했는데 1년 이내에 100억의 매출을 올리자고 했다면 무모한 예상에 가깝다고 봐야 할 것이다. 그러나 시장 상황을 고려하고 경쟁력을 감안한 후, 첫 해의 실적에서 물가 상승률의 2배에 해당하는 성장을 목표로 잡았다면 예측을 했다고 본다. 과거의 경험 데이터와 실적에 영향을 미치는 요소들을 감안하였으므로 충분치는 않더라도 과학적인 접근 방법이라 할 수 있다. 사후의 결과를 가지고 비교해 본다면 대개 예상보다는 예측이 진실에 가깝다는 것을 알 수 있을 것이다. 예측은 충분한 데이터와 분석 방법론에 따라 결과가 달라질 뿐이므로 편차가 클 수가 없다.

　그저 막연히 선거에서 누가 이길지 알아맞히는 것은 예상이다. 그러나 여론 조사나 출구 조사를 통해 결과에 가까운 정보를 알아보고자 한다면 그것은 예측이다. 예상은 직관적이고 예측은 계산적이라고도 할 수 있다. 상상력이 풍부한 사람은 다양한 예상 시나리오를 만들어 낸다. 지난 세기에 미래학자들이 예상한 내용들은 상당 부분 현실이 되었다. 최근에도 유발 하라리나 제레드 다이아몬드 같은 석학들은 끊임 없이 인류의 미래에 대한 고찰과 과제를 이야기하고 있다. 이러한 예상들은 틀려도 문제가 되지 않는다. 다시 말해 대중의 공감대를 얻기는 했으나 당장 일어날 일도 아닐 뿐더러 나중에 사실이 아니라고 해도 별 리스크가 없다는 것이다. 그런데도 그러한 책들이 세계적으로 베스트셀러가 되고 있는 이유는 방대한 양의 지식으로 대중을 설득하며 현재의 문제점에 대한 돌파구를 SF 영화처럼 속 시원하게 그려주고 있기 때문일 것이다. SF는 재미있기도 하다.

예측은 과학적인 방법이며 진실에 가깝다고 여겨진다. 그래서 잘못된 예측은 문제를 일으킨다. 3기 암 환자의 예상 생존 기간, 코로나 바이러스의 전파력, 전쟁 시나리오의 승률, 방사능 유출량 등과 같은 분야에서 잘못된 예측은 심각한 결과를 초래한다. 그렇기 때문에 예측에는 방대한 양의 데이터를 지닌 인공지능이나 슈퍼 컴퓨터 같은 최신 기술력이 사용된다. 예측은 전문가들의 영역이다. 내년에 유행할 바지의 길이는 디자인 전문가가 아니면 생각하기 힘들다. 의류 회사에 30년 다녔다고 전문가가 되는 것은 아니다. 그런 사람들이 전문가인 척 뭔가를 예측하고 있다면 회사의 장래는 확실히 어두울 것이다. 사실 상당히 많은 회사들이 이러한 문제에 직면해 있지만 잘 모르고 있는게 현실이다. 마치 바이러스의 무증상 전파자 같은 것이다.

예상을 잘하는 데에는 인문학적인 소양이 필요하다. 예상은 현상과 상대적이면서 장기적인 비전을 만드는 일이기도 하기 때문이다. 그러나 불행하게도 4차 산업혁명이 가져온 젊은이들의 독서 행태는 깊은 사색과는 거리가 멀다. 요약된 내용에 익숙해진 새로운 세대들은 신문조차 읽지 않으며, 엄청난 지혜가 담겨져 있는 두꺼운 책은 마치 금서인 것처럼 멀리한다. 통탄할 일이다. 온고지신의 지혜를 제대로 함양할 때 훌륭한 미래를 계획하고 기업이나 나라의 미래를 내다보는 혜안을 얻을 수 있음을 기억해야 할 것이다.

한시가 급하게 변화하는 상황 속에서 바로 다음이 어떻게 될지 알고 싶을 때 정확한 예측이 필요하다. 일기 예보는 민감하기 짝이 없다. 일기의 변화를 미리 알고자 하는 것은 신의 영역일 수 있겠지만 내일 또는 일주일의 일기를 미리 아는 것은 인간의 일상생활에 아주 중요하다. 기상 전문가는 위성 정보와 지리 정보 등을 이용해 단기적인 일기 변화를 예측하고자 한다. 슈퍼 컴퓨터의 도움을 제일 많이 받는 분야이기도 하다. 컴퓨터에 입력되는 자료가 많고 계산해야 할 것들이 많다 보니 기상 전문가와 알고리즘 전문가들이 모여 협업해야 한다. 물론 이러한 예측도 틀릴 수 있다. 하지만 전문가들은 틀린 이유를 밝혀내고 원인이 합리적이어야 알고리즘에 적용한다. 그래서 누가 봐도 예측은 전문가들이 해야 하는 영역이다. 다행히도 게임과 인터넷으로 단련된 젊은 세대들이 이 분야에는 관심이 많다.

세상이 발전하든 변하든 지나고 보면 균형을 잡게 된다. 그러는 사이에 사람들은 수많은 예상과 예측을 경험한다. 어느 한 지역에서 병원균이 퍼지고 있다면 일주일 이내에 어느 정도의 거리에서 다시 나타나리라는 예상이든 예측이든 할 수 있을 것이고, 사후 약방문식의 대처가 아니라 선제적인 조치를 해야 한다고 본다. 예방도 공격적으로 하려면 정확한 예측에 의한 강력한 리더십이 있어야 할 것이다. 특히 보이지 않는 것과의 싸움에서 적의 위치를 아는 레이더는 데이터를 이용한 정확한 예측에 있다고 본다.

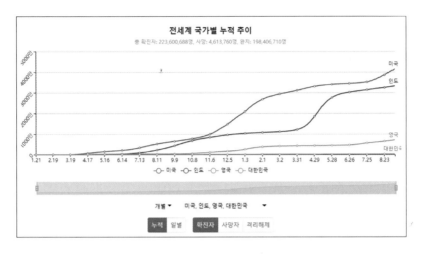

전세계 국가별 누적 추이
총 확진자: 223,600,688명, 사망: 4,613,760명, 완치: 198,406,710명

-○- 미국 -○- 인도 -○- 영국 -○- 대한민국

개별 ▼   미국, 인도, 영국, 대한민국   ▼

누적 일별 확진자 사망자 격리해제

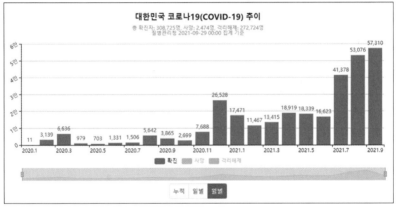

대한민국 코로나19(COVID-19) 추이
총 확진자: 308,725명, 사망: 2,474명, 격리해제: 272,724명
질병관리청 2021-09-29 00:00 집계 기준

확진 사망 격리해제

누적 일별 월별

| 출처 코로나19(COVID-19) 실시간 상황판 https://coronaboard.kr/

아시아투데이

≡ 사설　칼럼·외고　기자의 눈　취재뒷담화　파랑새　피플

[김동철 칼럼] 팬데믹에 대한 공격적인 예상과 예측

기사승인 2020. 06. 02. 18:22

 전 세계적으로 팬데믹 상황이라 모든 것들이 극도로 예민해져 있다. 그래도 지금의 상황이 인류 역사상 처음이 아니라는 점에서 과거와는 뭔가가 달라야 한다는 생각이다. 기존에 하던 방식대로 좀 더 빨리하는 방법에만 의존하는 것은 누구나 쉽게 떠올리고 그 결과도 예측할 수 있지만 확실히 한계를 갖는다. 그런 방법에 비해 혁신적인 방법은 예상하기도 결과를 예측하기도 어렵지만 시도될 필요가 있다.

댓글 ⌄

DW✱✱✱
"의류 회사에 30년 다녔다고 전문가가 되는 것은 아니다. 그런 사람들이 전문가인 척 뭔가를 예측하고 있다면 회사의 장래는 확실히 어두울 것이다." 일반적으로 회사에는 이런 부류의 사람들로 넘쳐납니다.

09
헬스케어 선진국

인류의 역사에서 죽음을 대하는 모습이 극적으로 변화하고 있다. 중세에는 종교인들에 의한 치료가 일반적이었다. 신의 뜻에 따라 병이나 죽음은 수용의 대상이었고 사후 세상에 대한 축복을 받는 것으로 위안 삼을 뿐이었다. 불과 100년도 되지 않아 의학자와 과학자들은 그러한 수용의 대상을 극복의 대상으로 바꾸어 가고 있다. 평균 생존 연령이 80세에 이르는 지금은 중세의 종교인들의 관점에서 본다면 가히 천국이라고 할 수 있지 않을까? 지금 나타난 코로나 바이러스가 중세에 나타났었다면 인류는 멸종했을지도 모른다. 보이지 않는 바이러스에 대항해 항체를 연구하고 백신을 만드는 일은 인류의 기대 수명을 늘리는 데 필수적이지만 미래에 어떤 부작용을 불러올지 모르는 것도 사실이다.

2020년의 기상 이변으로 인한 변화의 단면으로 온난화의 결과를 조금씩 보게 되는 것 같다. 제주도에서 알락하늘소가 감귤 나무를 고사시키고, 중부 지방에 노래기와 뱀들로 인한 피해가 늘고 있다. 서울에도 난데없는 매미나방과 대벌레의 공습이 나타났다. 대체적으로 이런 상황은 평생 처음 겪어보는 것이라 생각된다. 보이는 상황이 이 정도면 보이지 않는 미세한 세계의 변화는 엄청날 것으로 짐작해도 무리가 없을 것이다. 이 또한 세상이 바뀌고 있다는 단적인 증거이며, 이러한 환경에서 인간은 새로운 면역체계를 만들어 내야 한다. 현대의 인간은 몸에 조금만 이상이 있어도 의료의 도움을 받는다. 증상이 진행되기 이전에 정상으로 회복하다 보니 역설적으로 우리의 몸은 자연적인 치유 능력을 학습할 기회를 잃고, 그에 따라 면역력은 점차 약해진다.

최근의 유전자 연구는 웬만하면 거의 모든 형질을 해독할 수 있는 수준에 다다라 사람들의 개인별 유전자를 분석해 데이터화하고 있다. 이러한 상황에서 새로운 바이러스의 유전자는 우선적인 분석 대상이다. 일반인의 기대 수준에서는 인공지능이 두 가지 유전자 데이터를 분석해서 치료제를 만들 수 있지 않을까 하고 기대해볼 수도 있겠다. 사람과 바이러스의 상호 작용을 데이터 분석으로 바꾸어 이야기할 수 있을까? 유전자 데이터는 인공지능과 고성능의 컴퓨팅의 도움이 없이는 분석이 불가능한 방대한 빅데이터 영역이다. 여기에 개인마다 다른 운동 습관, 식습관, 생활패턴 등 환경 데이터를 더한다면 이론적으로는 개인화된 치료제가 만들어질 수도 있을 것이다.

지구상에 최초의 인류가 출현하여 지금까지 어떠한 진화를 이루어

냈는지에 대한 연구가 한창이다. 현재는 서로 다른 피부색과 골격을 가진 다양한 인종이 어울려 살아가고 있다. 새로이 발견한 신약이라도 모든 인류에게 동일한 효과를 보장할 수 없다. 개인화의 정도가 생각보다 클 수 있기 때문이다. 이러한 관점에서 보편적인 보건의 성공 요인을 찾아야 한다. 치료보다는 예방이 훨씬 더 효과적이라는 것을 이번 코로나 사태를 통해 알게 되었다. 마스크 쓰기와 손 씻기 운동은 코로나 바이러스 예방 차원에서 확산되었지만 기존의 감기와 독감 예방에도 20% 이상의 효과가 있다는 것이 병원의 환자 감소 수치로 증명되었다.

더운 여름에 코로나가 확산하리라고 누구도 예상하지 못했다. 세계의 뉴스들은 겨울에 나타난 바이러스이니 과거의 신종플루들처럼 일정 시점에 저절로 사그라질 것이라 예측했다. 그러나 현재까지의 현상이 알려주는 교훈은 계절적 요인이 크지 않다는 것과 건강한 사람은 무증상 질환자로도 살아갈 수 있다는 것이다. 전 세계 인류가 학수고대하는 치료제와 백신이 빨리 나와주는 것도 중요하지만 건강한 몸을 유지하는 것도 그만큼 중요하다.

빅데이터적으로 보자면 건강보조식품이나 운동기구의 나라별 판매량을 척도로 어느 나라가 가장 건강에 관심을 가지는지 순위를 매길 수 있다. 상위권에 있는 나라는 코로나의 충격도 상대적으로 적을 것으로 예측할 수 있다. 또한 운동 관련 앱을 이용해 걷기 운동을 실천하는 인구가 전 세계적으로 늘어나고 있는데, 이러한 데이터를 분석해 보아도 건강에 대해 염려하고 기초 체력 증진을 위해 실천하는 나라가 어디인지 알 수 있을 것이다. 이러한 순위는 지금까지 군사력이나 경제력을 기반으로 선진국을 구분 지어 왔던 것과는 또 다른 국가적 차별 요소가 될 수 있다. 이런 맥락에서 본다면 담배 판매량이 많은 국가에서는 폐와 관련된 기저질환자가 상대적으로 많을 것이므로 코로나 바이러스로 인한 충격이 클 것이다.

몸 관리를 잘 하려면 건강 기초 자료를 측정하고, 추이를 관찰하고, 정기적으로 최대한의 종합 검진을 받는 것이 바람직하다. 요즘은 기초적인 혈압과 체질량 등을 측정하는 장비들이 공공 시설에 많이 설치되어 있지만, 개인적인 생각으로는 그런 것을 측정하자고 일부러 찾아다니기도 번거롭다. 누구나 하루에 한번은 앉아야 하는 변기에 각종 센서를 붙여 기본적인 보건 데이터를 수집해 마이데이터로 활용하는 건 어떨까? 그러면 생각보다 많은 데이터를 얻을 수 있지 않을까?

2017년 노벨경제학 수상자인 리처드 탈러는 저서 『넛지』에서 사람들은 만 원 정도 되는 가치의 위험에 대비해 10만 원짜리 보험을 들기도 한다는 사례를 들었다. 옆구리 찔러서 성공한 마케팅이다. 거꾸로 이번 기회를 전 세계적인 금연의 계기로 만드는 훌륭한 넛지도 생각해 볼 수 있겠다. 치료보다는 건강 증진과 감염병 예방에 기꺼이 지갑을 열게 만드는 넛지도 기존의 선진국들이 먼저 나서야 할 과제이다.

칼럼 ∨

[시론] 코로나19와 헬스케어 선진국의 요건

f   🐦   📤   최종수정 2020.09.02 12:16   기사입력 2020.08.31 11:45   댓글 쓰기

인류의 역사에서 죽음을 대하는 것이 극적으로 바뀌고 있는 중이다. 중세에는 종교인들에 의한 치료가 일반적이었다. 신의 뜻에 따라 병이나 죽음은 받아들임의 대상이었고 죽음 이후에 세상에 대한 축복을 받는 것으로 위안을 삼을 뿐이었다. 불과 100년 이내에 의학자와 과학자들은 조용히 그러한 받아들임의 대상을 극복의 대상으로 바꾸어 가고 있는 중이다. 평균 생존연령이 80세에 근접하고 있는 지금은 중세의 종교인들의 관점에서 본다면 가히 천국이라고 할 수 있지 않을까. 지금 나타난 신종 코로나바이러스감염증(코로나19)이 중세에 나타났었다면 인류는 멸종했을 지도 모른다. 보이지 않는 바이러스에 대항해서 항체를 연구하고 백신을 만드는 일들은 인류의 기대수명을 늘이는데 필수적이지만 미래에 어떤 부작용을 불러올지 모르는 것도 사실이다.

최근의 유전자 연구는 웬만하면 거의 모든 형질의 해독이 가능한 수준이다. 새로운 바이러스의 유전자는 우선적인 분석대상이다. 사람들의 개인별 유전자도 분석해서 데이터화 되고 있다. 일반인은 인공지능(AI)이 두가지 유전자 데이터를 분석한 치료제 개발 가능성을 기대할 것이다. 사람과 바이러스의 상호작용을 데이터 분석을 통해 치료제로 연결시키는 개념이다. 유전자 데이터 한가지 만으로도 AI와 고성능 컴퓨팅의 도움이 없이는 분석이 불가능한 빅데이터 영역이다. 여기에 개인마다 다른 운동습관, 식습관, 생활패턴 등의 환경 데이터를 더한다면 이론적으로는 개인화된 치료제가 만들어질 수도 있을 것이다.

• • •

2017년 노벨경제학 수상자인 리처드 탈러는 저서 넛지(Nudge, 2008)에서 사람들은 1만원정도 가치의 위험에 대비해서 기꺼이 10만원짜리 보험을 들기도 한다는 사례를 들었다. 옆구리 찔러서 성공한 마케팅이다. 거꾸로 이번 기회를 전 세계적인 금연의 계기로 만드는 훌륭한 넛지도 생각해볼 수 있겠다. 치료보다는 건강증진과 감염병 예방에 기꺼이 지갑을 열게 만드는 넛지도 기존의 선진국들이 먼저 나서야 할 과제이다.

10

신약 개발의 고통스러운 여정

코로나를 극복하려는 제약사들의 노력이 어느 때보다 뉴스를 장식하는 시기이다. 제조사마다 백신을 만드는 방식이 다르고 그에 따라 운송 및 저장 방식도 다르며 효과는 미지수이다. 전 세계적으로 확진자와 사망자 수가 지속적으로 늘고 있고, 다양한 변이 바이러스가 동시에 출몰하는 급박한 상황이 펼쳐지고 있다. 코로나 바이러스가 최초로 발견된 이후로 1년이 훌쩍 지났지만 아직까지 정확한 발생 원인이 밝혀지지 않았다. 이런 상태에서 확실한 치료제나 백신을 만들어 국민들에게 안전하게 공급하는 것은 과거의 경험에 비추어 본다면 기적이나 마찬가지다.

1960년대 미국에서는 심장질환이 큰 문제로 대두되었다. 1948년 트루먼 대통령의 승인으로 만들어진 국립심장연구소에서 국가적인 연구가 발빠르게 시작되었고 1961년에는 「관상동맥성 심장질환 발병의 위험요인」이라는 논문에서 혈중 콜레스테롤 농도가 높으면 심장질환이나 뇌졸중의 위험이 높아진다는 사실을 확인했다. 이러한 연구의 결과로 지난 50년간 심장질환 사망률은 75%나 감소했다. 미국에서만 천만 명이 넘는 사람이 목숨을 구한 것이다. 그야말로 몇몇 과학자들의 오뚝이 같은 집념과 끈기가 이루어 낸 뜻깊은 성과였다.

그중 일본인 과학자인 엔도 아키라 박사는 콜레스테롤을 감소시키는 스타틴제제를 개발해 심장질환 사망자를 줄이는 데 크게 기여했다. 그는 버섯과 곰팡이 연구를 꾸준히 해오던 과정에서 특정 버섯이 사람에게는 무해하지만 파리에게는 독성을 가지고 있음을 발견했고, 유기체가 버섯을 이용하는 방법에 차이가 있을 것이라는 생각에 이르렀다. 곰팡이와 버섯은 박테리아의 주요 먹이다. 곰팡이와 버섯 같은 균류들은 박테리아에 먹히지 않고 살아남기 위해 박테리아의 세포벽을 붕괴시키는 화합물질을 분비해 박테리아를 죽인다. 역으로 박테리아 입장에서는 살아남기 위해 다량의 콜레스테롤이 필요했다. 이러한 사실에 착안해 엔도는 6천 가지가 넘는 균류를 배양해 실험한 끝에 메바스타틴이라는 콜레스테롤 억제제를 만드는 데 성공한다. 이때가 1972년이었다.

그 과정은 험난하고 긴 여정이었다. 연구 과정에서 엔도는 세 번의 죽음의 계곡을 건넌다. 첫 번째는 그의 연구가 당시 학계의 의견과 반한다는 점이었다. 인간의 세포를 정상적으로 작동하게 하려면 콜레스테롤이 필요한데, 그 당시 학계에서는 인위적으로 콜레스테롤을 낮추는 물질의 부작용이 클 것이라고 여겼다. 아이러니하게도 콜레스테롤 억제가 사망률을 높이고 백내장을 유발한다는 연구가 나오기도 하였다. 두번째 어려움은 동물 실험에서의 실패였다. 설치류인 쥐를 실험체로 이용한 실험에서 콜레스테롤을 낮추는 데 실패하면서 엔도의 실험실이 속해 있는 경영진은 연구 지속에 회의적인 태도를 보이게 되었다.

마지막 고비는 주 실험 대상이었던 쥐에는 심장질환을 유발하는 나쁜 콜레스테롤인 LDL은 거의 없고 좋은 콜레스테롤인 HDL만 있음을 발견하며 시작되었다. 이는 쥐가 콜레스테롤 연구에 적절한 대상이 아니었다는 의미다. 그래서 엔도는 그 대안으로 닭을 선택했다. 인간과 유사한 콜레스테롤을 가지고 있는 닭을 통해 드디어 의미 있는 결과를 도출하기에 이르렀지만, 개에게서 암을 유발한다는 반박 연구가 나오는 바람에 그의 연구는 다시 한번 수면 아래로 가라앉게 된다.

하지만 결국 개에게 나타난 종양은 암처럼 보이는 거짓 양성 반응이라는 사실을 발견하게 되고, 대형제약사 머크와 엔도의 협업으로 신약 물질을 개발하는 데 성공한다. 이러한 세 번의 고비를 넘기는 데 7년이란 시간이 필요했으며, 최초의 약이 FDA의 승인을 받는 데는 16년의 세월이 필요했다. 연구자는 20여 년간 학계의 모진 조롱을 감내해야 했던 것이다.

지금은 많은 종류의 암이 정복되고 있지만, 암 치료제 연구도 어렵기는 마찬가지였다. 암 치료의 초기 단계였던 1970년대에는 암에 독성 물질을 다량으로 투입하는 화학적 요법이 유일했다. 1971년 소아과 의사였던 포크먼은 암을 굶겨 죽일 수 있다고 생각했다. 암이 영양분을 받는 데 필요한 혈관을 만들기 위해 숙주에게 보내는 신호를 차단함으로

써 암을 굶겨 죽일 수 있다는 아이디어였다. 포크먼 또한 30여 년간 죽음의 계곡을 건너 부활하는 우여곡절을 반복하였다. 결국 그가 개발한 아바스틴은 FDA의 승인을 취득했고, 오늘날 암 환자들이 기대하고 있는 표적 치료와 면역 요법의 토대가 되었다. 그러한 신약을 개발한 제약사인 제넨테크의 가치가 380억 불 이상 상승한 것은 또 하나의 뉴스거리였다.

창의적인 발상으로 문제를 해결하여 역사적인 일들을 해내는 사람은 틀림없는 리더이다. 그들은 문제를 해결하려다 세상을 바꾸는 일을 하게 된 것이다. 그 과정에서 나타난 주변의 부정적인 시선이나 중간적인 실패라는 장애물은 그들에게 험난했지만 결국 극복 가능한 것이었고, 이후에는 오히려 그들의 성공을 더욱 극적으로 부각시키는 요소로 작용하게 되었다. 창의적 리더가 이끌어낸 이러한 역사적인 일들은 주로 선진국에서 일어났는데, 그 이유는 아이디어를 실현하는 데 있어 자본과 기술력도 무시못할 중요한 변수이기 때문이다. 그런 점에서 우리나라도 이제는 선진국 반열에 들어 있으므로 조만간 좋은 사례가 나올 것으로 기대해 본다.

6천여 케이스의 균류를 연구했던 엔도 박사는 곰팡이를 뒤집어쓰고 다니는 퀴퀴한 연구자로 생각될 수도 있겠지만, 최초의 항생제인 페니실린을 발견한 정도의 지대한 업적을 이루었다. 그러나 현재의 시간은 과거의 시간과 다르다. 현재의 코로나 상황은 수십 년을 들여 대처하기에는 너무나 급박하게 진행되고 있다. 다행히도 현재의 의학계는 유전체를 완전히 해독할 수 있는 인공지능 기술이 있으며, IT적인 클라우드 기술은 이러한 모든 절차를 순식간에 처리해 가능한 모든 조합의 사례를 만들어 낼 수 있다. 이러한 과정으로 제약사들은 비교적 짧은 시간에도 불구하고 저마다 다른 방식의 백신을 제조하고 있다. 그중 어떤 백신을 접종해야 할지 선택적 문제가 있긴 하지만, 현재의 위기를 극복하는 길이 여러가지가 있을 수 있으므로 각자가 소신껏 대응할 뿐이다. 다만 바이러스가 집단으로 공격한다면 인간도 지혜롭게 힘을 모아야 한다는 생각이다.

아시아투데이

[김동철 칼럼] 신약 개발의 고통스러운 여정

기사승인 2021. 05. 10. 18:02

제약사들의 코로나 백신과 치료제 개발 노력이 그 어느 때보다 뉴스를 장식하고 있다. 전 세계적으로 확진 환자와 사망자가 속출하고 다양한 변이 바이러스가 동시에 출몰하는 상황이어서 백신과 치료제에 대한 관심이 높기 때문일 것이다. 어찌 됐건 코로나 바이러스가 발견된 후 1년여 동안 발생 원인이 밝혀지지 않은 상태에서 확실한 백신을 개발한 것은 심장질환이나 암의 치료제 개발의 지난한 과정에 비춰보면 기적이다.

댓글 ⌄

최*석
기초 의학과 과학의 육성과 투자가 절실합니다. 창의적이고 끈기 있게 매달리는 연구자에 대한 지원과 격려가 현저히 부족한 우리나라 연구 풍토를 안타깝게 생각합니다.

11

헬스케어 데이터와
비즈니스

IT 비즈니스가 세상을 지배하던 때에는 컴퓨터 장비와 프로그램을 파는 것이 주요 비즈니스였다. 글로벌 벤더들은 좀 더 큰 컴퓨터와 자사의 시스템에서만 작동이 되는 프로그램을 만들어 팔았다. 그러나 오늘날 IT 세계에서 하드웨어와 시스템 소프트웨어는 찬밥 신세를 면치 못하고 있다. 이제는 빌려 쓰는 IT 시대가 되어 버렸으며, 시스템 소프트웨어들은 개방형으로 무료를 지향하고 있다. IT도 서비스라는 큰 흐름 속에서 그러한 시스템에 저장되어 있는 데이터에 모든 관심이 집중되고 있다. 당연히 데이터에 대한 개념도 무한대로 확장되었다.

데이터를 가공하거나 분석해 가치 있게 만드는 일은 어렵지만 특정 분야에 지식이 있다면 비교적 쉽게 생각할 수 있다. 가령 개인의 금융

자산 관련 자료들을 이용해 신용 평점을 만들어 내는 것을 생각해 볼 수 있다. 빅데이터를 만들 수 있다면 그 자체로 엄청난 가치를 창출하지만 수많은 데이터를 고급 정보로 바꾸거나 서비스화해서 제공하는 데에는 엄청난 시간과 사람의 개입이 요구된다.

미래의료학자인 최윤섭 박사의 저서 『디지털 헬스케어』에 의하면 기술의 발달에 따른 산업의 변화로 인해 소비자가 생산자로, 숙박객이 숙박업자로, 시청자가 방송인으로 바뀐다. 공장이 없는 제조업이 생기고, 교실 없는 학교가 생기고, 운전자 없는 운송 업체가 생긴다. 이러한 과격한 변화 속에서 데이터 주변에는 어떠한 일이 발생할까? 스마트폰에 있는 각종 건강 관련 앱들은 평소에 건강을 지키거나 증진시키기 위한 정보를 제공한다. 그러나 공짜는 없는 법이다. 사용자들은 자신도 모르는 사이 돈 대신 본인의 데이터를 제공하고 있다. 처음 그러한 앱을 사용하는 조건에 동의하는 과정에서 나의 데이터를 사용해도 좋다는 허락을 했을 것이다. 한 사람의 데이터는 그다지 큰 가치를 갖지 않지만 백만 명의 데이터라면 계산은 달라진다.

전통적인 한국의 IT 회사들은 비즈니스를 인력에 의존하므로 수익률이 잘 오르지 않는다. 자사가 개발한 소프트웨어를 팔거나 데이터를 팔수 있다면 좋겠지만, 마땅한 아이디어와 그에 따른 추가의 투자가 망설여진다. 이러한 상황을 극복한 사례로 페이션츠라이크미PatientsLikeMe라는 회사를 들 수 있다. 2800가지 질환과 관련된 60만 명 이상의 환자들이 모여 있는 SNS를 운영하는 페이션츠라이크미는 소위 환자들의 페이스북이라고도 불린다. 환자들은 본인과 유사한 질병을 앓고 있는 다른 사람들과 교류하며 SNS상에 데이터를 남기는데, 그 가운데 복용하는 약에 관한 내용도 함께 있기 마련이다. 제약사가 신약을 출시한 후에 실제 부작용을 파악할 수 있는 환자들의 자발적인 데이터는 그 가치를 따지기 어렵다. 다른 경로로는 얻기 힘든 만큼 막대한 가치를 지녔다. 페이션츠라이크미의 주요 사업 모델은 이렇게 익명으로 모은 데이터를 사노피나 머크 같은 글로벌 제약사에 판매하는 것이다. 환자들에게 소통의 장을 제공하면서 공짜로 데이터를 얻는다는 발상은 미국판 봉이 김선달이라고 해도 되지 않을까?

미국 실리콘밸리의 개인 유전 정보 분석 회사인 23andMe는 병원을 거치지 않고 고객의 타액을 우편으로 받아 각종 건강과 유전적인 분석을 제공하며 2019년에 이미 천만 명의 고객을 돌파한 바 있다. 23andMe는 유전 정보를 제공하면서 동시에 개인의 정보를 인류를 위한 연구용으로 기부할 것을 요청한다. 이러한 데이터는 글로벌 제약사의 신약 개발과 임상 시험에 큰 도움이 된다. 제넨텍과 화이자는 신약 개발 목적으로 23andMe의 데이터를 구매하기도 하였는데 제넨텍의 경우는 6천만 달러에 계약되었다고 한다. B2C 비즈니스를 하면서 다른 한편으로는 B2B 비즈니스를 하는 이러한 모델은 신기술에 기반한 것이므로 순이익 걱정은 하지 않아도 될 것이다. 하지만 한국에서는 이러한 유전자 관련 비즈니스가 불법이다. 기술이 있어도 한국에서는 불법이라니 참으로 아쉽다. 필요한 경우 한국 사람들의 유전자 정보는 미국에서 사와야 할 것이다.

모든 의학 연구는 정상이 아닌 상태를 대상으로 하기 마련이다. 그러나 어떠한 상태가 완전히 정상인지에 대해서는 충분한 연구가 이루어지지 않았다는 것이 구글의 주장이다. 구글은 '베이스라인 프로젝트'로 4년 동안 1만 명에 대해 스마트 워치를 제공하고 대학 병원에서 개별적인 검사를 진행한다. 하버드 의대 교수 출신인 제시카 메카 박사는 이 프로젝트를 '건강에 대한 구글 지도를 만드는 것'이라 표현한다. 세상 어디에도 없는 건강 지도는 개인들의 건강 유지, 질병 예방과 예측, 치료에 이르기까지 중요한 인사이트를 제공할 수 있다는 생각이다. 구글의 철학은 "모든 데이터를 일단 모아 놓고 본다."이며 그들의 야심찬 문샷 프로젝트 중 하나가 바로 인간의 건강을 다루는 것이다. 당장은 돈이 되지 않을 수도 있지만, 언젠가 구글 건강 지도를 사려고 전 세계의 모든 의료 기관들과 제약사들이 줄서는 날이 올 수도 있다.

디지털 헬스케어나 데이터에 관한 한 한국은 패스트팔로어[28]에도 끼지 못하는 실정이다. 앞서 거론한 사례들은 한국에서는 불법이고 아직 그러한 기술력이 없기도 하지만, 해외 기업들이 왜 저런 일을 하려고 하는지 세계적인 흐름을 이해할 수 있어야 한다. 시장이 열려 있기 때문이다. 아직 아무도 가지 않은 그 길을 준비하고 있는 기업들은 미래에 막대한 이익을 실현할 것이며, 동시에 세계적으로 천문학적인 일자리를 제공할 것이다. 또한 기업의 회장들이 의지만 있다면 사회 공헌을 통해 의미 있는 일을 하기도 할 것이다. 그들의 참신한 아이디어와 실행력에 감탄할 따름이다.

•••••
28 선도적인 기업이 개척한 분야의 새로운 제품과 기술을 벤치마크해 빠르게 쫓아가는 전략 또는 그 기업.

Digital Today

헬스케어 데이터와 비즈니스

👤 김동철 공학박사(유비케어 사외이사) | 🕐 입력 2021.03.08 09:31 | 🕐 수정 2021.04.29 10:04

온프레미스(내부에 IT를 직접 구축하는 방식)가 세상을 지배하던 때에는 컴퓨터 장비와 프로그램을 파는 것이 주요 비즈니스였다. 글로벌 벤더들은 좀더 큰 컴퓨터와 자사의 시스템에서만 작동이 되는 프로그램을 만들어 팔았다. 지금의 IT 세계에서 하드웨어와 시스템 소프트웨어는 찬밥신세를 면치 못하고 있다. 이제는 빌려 쓰는 IT시대가 되어버렸으며, 시스템 소프트웨어들은 개방형으로 무료를 지향하고 있다. IT도 서비스라는 큰 흐름속에서 이제는 그러한 시스템속에 저장되어 있는 데이터에 모든 관심이 집중되고 있다. 당연히 데이터에 대한 개념도 무한대로 확장되었다.

댓글 ∨

조★형
AI로 영상진단을 연구하는 회사에 다니고 있는데, 아주 도움되는 내용입니다! 올 굿입니다.

남★수
IT 부서에서 30년 일해오면서 막연히 느껴오던 바인데, 잘 정리한 기사군요. 절실하게 공감합니다.

방★찬
데이터도 빈익빈 부익부입니다. 자본까지 갖춘 미국과 중국의 거대 기업 간 경쟁에 한국은 소외되는 느낌입니다. 창의력과 발상의 전환으로 경쟁해야 하는데 제도가 시대를 따라가지 못해서 안타깝습니다.

고★윤
"한 사람의 데이터는 그다지 큰 가치를 갖지 않지만 백만 명의 데이터라면 계산은 달라진다" 확 와닿는 진실입니다.

12

의료 플랫폼의 출현

1970년대 어느 때인가 어머니가 갑자기 몸이 아프시다고 나에게 병원 가서 의사 선생님 좀 모시고 오라고 했다. 그때는 왕진이 있던 시절이었는데, 엉엉 울며 엄마 죽는다고 하면서 의사 선생님을 모시고 집으로 왔던 추억이 있다. 의사 선생님은 흰 가운을 입은 채로 집에서 어머니를 치료해 주셨다. 주사를 놔주시거나 약을 조제해 주셨는지는 기억나지 않지만, 카드가 없던 시절이라 백 원짜리 지폐로 치료비를 지불했던 것은 기억한다. 50년 전의 생생한 기억인데 지금과 비교해 보면 제도, 프로세스, 기술 등에 있어 엄청난 변화가 일어났음을 알 수 있다.

제도 측면에서는 의료 보험이 생겼고, 의약 분업이 이루어졌다. 모든 병원과 약국은 환자의 기록을 정부 기관과 주고받으며 의료 사각지대를 줄이기 위한 노력을 해왔다. 프로세스 측면에서는 의료 기관을 구분해 환자가 대학 병원으로 몰리지 않도록 하는 동시에 환자가 처방전을 약국에 제출해 조제를 받는 절차가 마련되었다. 병원에서의 변화는 뭐니 뭐니 해도 EMRElectronic Medical Record 전자의무기록 시스템의 도입이다. EMR 시스템이 도입되기 전에는 의사가 처방전을 수기로 작성해 간호사에게 전해주면 후속 처치가 이루어졌다. 의사들의 손글씨가 지나치게 악필이어서 간호사들의 진땀 나는 해독 노력이 있었던 시절이었다.

15년 전에 복지부와 함께 전국의 공공 병원 간 정보를 공유하는 프로젝트를 진행했던 기억이 있다. 그 프로젝트를 성공적으로 완수하면 지방에서 촬영한 영상을 바로 대도시의 종합 병원에서 사용할 수 있게 되는 것이었다. 중복되는 절차로 인한 국가적 비용과 시간을 크게 절약할 수 있는 좋은 기회였지만, 아쉽게도 사회적 여건이 조성되지 못하여 사전 준비만 하고 실행에는 옮기지 못하였다. 환자 입장에서도 가장 가까이에 있는 의료원에서 우선적으로 가능한 조치를 하고 치료가 가능한 병원으로 가서 소중한 생명을 유지하는 시간을 벌 수 있는 제도였기에 환자와 병원과의 거리를 좁히는 좋은 국가적 시도였다고 생각한다. 지금은 당시에는 없었던 클라우드 기술이 발달되어 마음만 먹으면 프로젝트 완성까지 시간도 얼마 걸리지 않는다. 상당한 세금을 써서 수행했던 프로젝트이니 당시의 자료가 나중에 쓸 수 있도록 어딘가에 보관되어 있을 것이다. 언젠가 빛을 볼 날이 오기를 기대해 본다.

환자가 아프면 병원에 가기까지 어떠한 일들이 벌어지는가? 우선 인터넷에 병원을 검색하고 찾아간다. 병원에 도착해서 접수를 하고 호명

할 때까지 줄을 서서 대기한다. 그러다가 운이 없으면 앞 환자의 진료가 길어지거나 점심 시간에 걸려 기다림은 연장된다. 진료를 마친 후에는 환자가 처방전을 종이로 받아 약국으로 가져가고, 실손 의료 보험에 가입했다면 각종 영수증을 모아 보험 회사에 청구한다. 4차 산업의 중간 지점에 있는 현대인들에게 이러한 프로세스라니, 좀 민망하다. 20년간 검색 천국의 시대를 거쳐오는 동안 독립된 기관들이 연결되지 않은 것은 기술의 문제가 아니라 의지의 문제라고 본다.

현재의 기술적 단계와 사회적 성숙도를 고려해 본다면 병원에서 기다리는 일은 줄이는 정도가 아니라 아예 없앨 수 있다. 병원의 EMR 시스템과 연결된 앱을 통해 예약하고 진료가 가능한 시간에 병원에 가면 된다. 앱은 환자에게 예약 시간을 알려주어 병원에 늦지 않게 도착하도록 도와준다. 종이로 된 처방전을 환자가 직접 약국에 가져가는 일은 요즘 시대와 어울리지 않는다. 병원에서 처방전을 클라우드에 올리면 약국에서는 환자 본인만 확인하고 처방전은 클라우드에 접속해서 보면 될 일이다. 서비스 수준을 한 단계 더 올린다면 약이 집으로 배달되어도 좋겠다는 생각이다. 환자 위주의 프로세스 개선이라 할 수 있고 더불어 일자리까지 창출하니 기술의 발전이 가져온 일석이조이다. 물론 개인적인 보험 청구도 처방전이나 영수증을 제출하고 보험금을 수령하는 절차에 불과하니, 클라우드나 핀테크의 도움으로 어렵지 않게 해결할 수 있다.

공유 경제의 시대이고 개인 정보 이용도 어느 정도는 허용하는 추세이다. 의료 정보도 환자를 위하는 측면에서 필요한 만큼은 공유해야 한다고 본다. 오프라인에서 아이쇼핑하고 온라인에서 물건을 사는 사회적 언택트 추세가 O2O 트렌드를 가속화하고 있다. 여기에 네트워크를 통해 상시로 접근할 수 있는 플랫폼 비즈니스 서비스가 클라우드라는 기술력 위에서 폭발적으로 늘어나고 있다. 이러한 기술들은 환자와 병원 사이의 물리적 거리와 대기 시간, 그리고 일련의 프로세스를 모두 마치는 데 들어가는 시간을 획기적으로 줄여줄 것이다.

　지금 같은 팬데믹 상황이 특수하긴 하지만 원격 진료가 확산되는 계기로 이보다 더 좋은 기회는 없다고 본다. 원격 진료라는 단어에 지금까지 거론한 모든 것이 함축되어 있다. 개인화된 의료 IoT 센서가 수집한 자료들을 원격으로 가상 왕진한 의사가 보고 처방을 내리거나 전 세계에 살고 있는 한국인들이 한국의 병원에 원격으로 진료받으러 오는 모습은 단지 상상이 아닐 것이다. 이것이 의료 플랫폼의 힘이다. 최근의 기술 트렌드는 모두 외국의 기술이 전 세계의 표준으로 되어 있지만 의료 플랫폼은 아직 열려 있는 분야이다. 한국의 실리콘밸리에서 묵묵히 활약하고 있는 젊은 벤처인들이 이러한 분야에서 두각을 나타내기를 선배 IT인으로서 간절히 소망한다.

아시아경제 ⊲

[톺아보기] 의료 플랫폼의 출현

입력 2020.08.26. 오후 2:50   수정 2020.08.26. 오후 2:50

👤 전진영 기자 ›

😀 4   ◁» 가가 ⮕

1970년대 어느 때인가 어머니가 갑자기 몸이 아프시다면서 병원에 가서 의사 선생님을 좀 모시고 오라고 했다. 그때는 왕진이 있던 시절이었다. 어머니가 돌아가실까봐 엉엉 울면서 의사 선생님을 집으로 모시고 왔던 추억이 새록새록 떠올랐다. 의사 선생님은 흰 가운을 입은 채 집에서 어머니를 치료해 주셨다. 주사도 놔주고 약도 조제했는지는 자세하게 기억이 없지만, 당시는 카드가 없던 시절이라 백 원짜리 지폐로 치료비를 지불했었다. 50년 전의 생생한 기억인데 지금과 비교해보면 제도, 프로세스, 기술 등에 있어서 엄청난 변화를 볼 수 있다.

댓글 ⌄

Dran**
전 직장에서 유비케어의 에버헬스라는 앱을 통해 건강검진센터를 찾고 예약하고 아주 편리하게 사용했었는데, 요즘은 비브로스의 똑닥을 사용합니다.^^

고*윤
"종이로 된 처방전을 환자가 직접 약국에 가져가는 일은 요즘 시대와 어울리지 않는다." 구석구석을 찌르는 핵심적인 한 줄입니다.

13

환경재앙과
21세기의 대응방안

라인강은 유럽 문명의 중심이기도 하고 여러 나라를 거치며 흐르는 중요한 물 자원이다. 독일은 히틀러 집권 시기에 라인강 주변에 공해 산업이 집중적으로 들어서게 되었고, 현재 OECD의 화학 공장의 20%가 강변에 자리 잡고 있다. 그러한 이유로 크고 작은 오염 사례가 지속적으로 발생해 오고 있지만, 전쟁에서 전략적으로 적국의 물을 오염시키는 것처럼 일부러 오염시키는 일은 없다는 것이 그나마 다행일지도 모르겠다. 그런데 1986년 11월, 라인강의 최상류 지역에 위치한 스위스 바젤의 화학 공장 화재로 수은이 포함된 살충제와 살균제 등이 유출되면서 400Km에 이르는 라인강 구간은 오랫동안 죽음의 강으로 변하게 되었다.

우리나라에서도 1991년 3월에 낙동강에 페놀이 유출되어 식수를 오염시키는 비상 상황이 발생했다. 페놀은 각종 암을 유발하고 신경계에 이상을 일으키는 유독성 화학 물질이다. 유출된 페놀 30톤은 대구의 식수를 오염시켰고, 대구 시민들이 맛과 냄새로 이상징후를 발견하여 신고함으로써 사고가 밝혀지게 되었다. 그 사고로 영남 전체 주민들이 공포에 떨어야 했다.

　이러한 사고가 언제든지 다시 일어날 수 있음을 염두에 두고 초기 대처로 생태계 피해를 최소화해야 한다. 낙동강 페놀 오염 사건의 원인이 되는 사고가 일어났을 때 관련자들은 이상을 알아차리지 못했다. 2차 사고는 유해 물질이 강물로 흘러 들어 생태계를 몰살시키는 것인데, 물고기들의 폐사나 강물의 냄새 등으로 몇몇 사람은 초기에 문제를 인지할 수 있었지만 즉각적인 대처는 일어나지 않았다. 그러한 조치 부재로 사람들이 농사에 사용하고 마시는 물까지 오염되어 사회적 문제로 확장되었으나, 원인 파악과 국가적인 사후 대처가 원활하지 않았다. 당시 인프라가 취약해 사고 발생 및 변화를 감지하고 데이터를 파악하는 일이 실시간으로 이루어지지 않았던 것이다.

　21세기의 물 관리는 1차적으로 IoT가 담당한다. 물 속에 설치된 센서들이 오염 여부나 변화를 감지한 즉시 알람을 날리고, 미리 정의된 프로토콜에 따라 방역 조치가 실시간으로 이루어진다. 라인강의 사례처럼 400Km를 오염시키는 동안 방제 활동이 효과를 보지 못한다면 재앙은 거기서 끝이 아닐 것이다. 상상이지만, 알람이 울릴 때 강바닥에 있는 보가 즉각 반응해 위로 올라와 준다면 유속을 느리게 해서 방제 시간을 벌 수 있겠다는 생각이다. 재해 데이터 파악은 최소한 유속보다는 빨라야 하고, 방제를 위한 정보 전달은 위험이 사람에게 다가오는 속도보다 빨라야 한다.

지구촌 곳곳에서 일어난 환경 재난 사례를 통해
실용적 환경 지식을 배울 수 있는 현대인의 필독서

**환경 재난과
인류의 생존 전략**

· 박석순 지음 ·

2020년
개정증보판

대한출판문화협회 '올해의 청소년 도서' (2005년 12월)
간행물윤리위원회 '이달에 읽을 만한 책' (2006년 1월)

| 출처 박석순 저 | 어문학사 | 2020

바다의 오염은 강물에 대한 이슈보다 범지구적이다. 『환경 재난과 인류의 생존 전략』에 그와 관련된 사례가 잘 정리되어 있다. 선진국들이 자국의 유해 폐기물을 개발도상국으로 보내는 제3세계 투기가 성행하고 있으며, 이로 인한 방대한 피해가 일어나고 있다. 1987년에 이탈리아 폐기물이 나이지리아 코코항에 위장 반입되어 방치된 사건이 있었다. 결과적으로 나이지리아 정부의 강력한 항의로 폐기물은 이탈리아로 돌아갔지만 폐기물을 처리하는 과정에서 유출된 독극물로 150여 명에 이르는 현지인 피해가 발생하였다. 1986년 미국의 키안시호는 필라델피아의 폐기물 소각장 재를 비료라고 속이고 아이티에 하적하다가 사실이 발각되자 아이티 근해에 불법으로 투기했다. 이러한 종류의 사건들은 아마도 밝혀지지 않은 것들이 훨씬 더 많을 것이라고 생각한다.

공해 바다의 오염은 둘째로 치더라도 영해에 해당하는 바다는 촘촘하게 IoT로 관리되어야 한다. 그러한 데이터를 공유하고 연관성을 분석하며 나라들 간에 협력 모델을 만들어야 한다고 본다. 일본의 후쿠시마처럼 근해가 오염된 경우라면 자국의 데이터를 공유하고 싶지 않을 수도 있겠지만, 그래도 큰 시각에서 건강한 바다 생태계를 만들어 가자면 이러한 접근이 더 이상 새로운 것도 아니다.

대기의 오염은 인간과 동식물에게 즉각적으로 영향을 미친다. 현재의 대기는 절묘하게 인간이 살아갈 수 있는 환경을 제공하지만 조금의 변동만으로도 지구의 모든 생물이 멸종할 수 있다. 그 예로 1948년에 일어난 도노라 스모그 사건을 들 수 있다. 미국의 펜실베니아주의 도노라 공업 지역에 대규모 아연 공장이 설립되었는데, 공장의 굴뚝이 주변 지형보다 아래에 있어 매연이 그 지역에 머무르며 지독한 맹독성 살인 안개를 형성하였다. 결과적으로 6천 명 이상의 주민들이 피해를 입고 사망자도 셀 수 없을 지경이었다고 한다. 이러한 경우는 사후 해결이 어렵지만 미국은 이를 계기로 1963년 청정대기법^{Clean Air Act}을 만들어 지속적으로 강력한 효력을 갖는 법으로 발전시켰다. 또한 연방환경보호청이 설립되어 대기 기준치 제정, 배출가스 기준 설정과 각종 오염 물질 규제를 담당하게 되었다.

우리나라는 일본, 중국과 환경을 공유하고 있다. 악의적으로 환경을 오염시키는 일은 없다고 보지만, 선진국 기준의 조치를 하지 않아서 오염 물질이 다량으로 인접국에 영향을 미치는 것으로 밝혀진다면 국가적 망신이 아닐 수 없다. 라인강을 오염시킨 스위스는 인접 국가들에게 천문학적인 배상을 했음은 물론이며, 환경 오염의 주범이라는 지탄을 받았다. 세계가 환경 오염에 경각심을 가지고 합심하면 4차 산업혁명 기술이 깨끗한 지구를 만드는 데 융합적으로 가치를 발휘하게 될 것이다.

아시아경제 ◁

[톺아보기] 4차 산업혁명 기술과 환경오염

입력 2021.05.17. 오후 1:50   수정 2021.05.17. 오후 1:51

박준이 기자 >

😀 3   💬 1   🔊)) 가가 ⤴

유럽 문명의 중심인 라인강은 여러 나라를 거치며 흐르는 중요한 물 자원이다. 독일에선 히틀러 집권 시기 라인강 주변에 공해 산업을 집중적으로 배치했다. 비단 독일이 아니어도 경제협력개발기구(OECD) 국가의 화학 공장 20%가 강변에 자리 잡고 있다. 이러한 이유로 크고 작은 오염 사례가 지속적으로 발생한다. 전쟁 때문에 고의로 강물을 오염시키는 일이 없다는 게 그나마 다행일지 모르겠다.

1986년 11월 라인강의 최상류 지역에 위치한 스위스 바젤에서 화학 공장 화재가 발생했다. 이 화재로 수은이 포함된 살충제와 살균제 등이 400km에 이르는 라인강 구간을 장기간 죽음의 강으로 바꾸어 놓았다. 우리나라에서도 1991년 3월 낙동강에 페놀이 유출돼 식수를 오염시키는 비상 상황이 발생한 적이 있다. 페놀은 각종 암을 유발하고 신경계에 이상을 일으키는 유독성 화학물질이다. 유출된 페놀 30t은 대구 지역 식수를 오염시켰고, 시민들이 수돗물 맛과 냄새로 이상 징후를 발견하여 신고함으로써 사고가 밝혀지게 되었다. 영남 지역 주민 전체를 공포에 떨게 만든 사건이다.

댓글 ⌄

Dran**
스위스가 그런 아픈 기억이 있어 그리 성숙된 국가가 되었나 싶네요.^^
좋은 글 감사합니다.

14

팬데믹이 촉발한
교육환경의 변화

감염병이 확산되고 있는 시기에 학생들이 모여 수업을 진행하는 우리나라의 학교는 극단적인 등교 제한과 재택수업을 병행하며 새로운 방식에 대한 타의적인 실험이 진행되고 있다. 학생들도 새로운 환경에서 지식을 습득하는 것이 어렵겠지만, 가르치는 입장에서도 온라인 비대면 수업은 생소한 것이라 매주 학사 일정을 소화하는 일이 상당히 버겁다고 한다. 이러닝E-Learning을 전문으로 하는 교육 기관이 아니라면 이런 경우에 사용할 수 있는 자료가 마땅히 구비되어 있지 않기 때문이다. 자료만의 문제라면 초기의 1년 정도만 지나면 마스크 공급 문제가 해결되듯이 자연스럽게 해결될 것이다.

인터넷이 확장되는 시기에 해외 대학들은 세계의 대학으로 브랜딩하기 위해 누구나 강좌를 들을 수 있도록 개방하는 추세이다. 학위를 받으려면 비용을 내야 하지만 그냥 듣고 공부만 하는 것은 무료이다. 더 나아가 일부 유명 강사들은 경쟁적으로 유튜브에서 공개 강의를 하기도 한다. IT 기술 발달이 가져온 배움의 현장은 학교의 울타리를 넘어서고 있는 중이다.

| 출처 타라 웨스트오버 저/김희정 역 |
열린책들 | 2020

최근에 『배움의 발견』이라는 다소 두꺼운 책을 접했다. 지독한 몰몬교 부모 아래서 공교육 없이 부모로부터만 교육받고 노동을 병행하며 자급자족하는 삶을 강요당한 저자의 일대기였다. 여기에는 그가 형설지공의 노력으로 검정고시를 치러 하버드에 다니고 영국의 케임브릿지 대학에서 박사 학위를 받기까지의 여정이 그려져 있다. 특수한 사례이니 책으로 나왔겠지만 개인적으로는 이러한 경우가 한국에서도 가능했으면 하는 생각이다. 정부와 대학은 열린 마음으로 학생을 받아주었고 소질을 개발하도록 도와주었다. 무일푼에 초등 교육이 전무한 학생이 박사가 된다는 것은 본인의 강한 의지와 열린 교육 시스템이 합쳐져 만들어낸 시너지라고 생각한다.

우리나라 교육은 등교로 시작해서 하교로 끝난다. 이런 틀을 이 기회에 바꾸어 보는 것은 어떨까? 코로나가 오래 가든지 새로운 유행병이 생기든지 앞으로의 교육은 점점 더 비대면을 활성화하는 방향으로 나아갈 것이다. 학교에 등교할 사람은 등교하고 집에서 방송으로 수업을 듣고 싶은 사람은 그렇게 하면서 학교가 정해 놓은 지침이 아니라 학생이나 가정의 상황에 따라 스스로 결정하게 두는 것이다. 작금의 상황에 원격 교육이 시험대에 올랐으니 한술 더 떠보자는 생각이다.

요즘 새로 나온 교육 기법 중에 플립러닝Flipped Learning이라는 개념이 있다. 기존 수업 방식과는 반대로, 온라인을 통해 선행 학습을 한 후 오프라인 강의에서 토론과 심화 학습을 진행하는 방식이다. 이런 방식이라면 한 강의실 안에서 학생 수준별 교육을 실시하는 것이 가능할 수 있다. 필요한 IT 통신 설비가 강의실에 충분히 구비되어 있으면 강사가 한 명이라도 학생들은 제각기 일대일 맞춤 학습을 하는 느낌을 받을 수 있는 것이다. 연구에 따르면 플립러닝으로 진행할 때 수업 효과와 만족도가 상당히 개선되었고, 내용이 어려워 포기하는 학생들도 줄어들었다고 한다.

교육 제도의 가장 중요한 일정은 대학 입시일 것이다. 수능을 앞둔 수험생과 학부모는 수천 가지 조합이 넘는 입시 제도를 앞에 두고 최적의 결정은커녕 망연자실할 수밖에 없다. 부모도 4개의 보기 중에 정답을 찾는 객관식 교육을 받고 자랐는데 갑자기 정답이 없는 수천 개의 보기 중에 최적의 답을 찾으라고 하면 연필을 굴려서 찍기도 어려운 상황이 된다. 수천 개의 조합을 이용해서 전국의 수험생과 대학의 학과를 모두가 만족할 수 있게끔 연결하는 것은 슈퍼 컴퓨터를 써도 쉽지 않은 일이다. 통계 분석이든 빅데이터 분석이든 복잡한 것에는 항상 단순화의 열망이 뒤따르게 되어 있다. 복잡한 것은 보이지 않게 해서 컴퓨터가 처리하고, 당사자들은 최대한 단순한 프로세스로 입시를 치르는 방법이 공정성에도 기여하리라 생각한다.

우리나라의 교육 여건은 옛날과 비교해서 그다지 크게 바뀐 것 같지 않다. 교실의 구조가 구한말과 일제 시대의 형태를 유지하고 있다. 지금은 4차 산업의 시기이며 팬데믹의 출현으로 교육 인프라의 근본적인 부분이 바뀔 수 있는 계기는 충분하다. 교실은 기존 모델에 TV를 추가하는 방식이 아닌 전혀 다른 방송국 스타일로 바뀔 수도 있다. 요즘 학생들은 과거와는 비교가 안 될 정도로 IT 실력이 출중하다. 앞으로 과제 발표는 단상에 나가서 PT를 하는 것이 아니라 유튜브 방송으로 진행하는 방식이 될 수도 있다. 이러한 교육은 4차 산업의 효과를 제일 빨리 볼 수 있는 동시에 그 자체로 재미도 있을 것이다.

팬데믹은 교육에 대한 우리의 고정관념을 크게 흔들고 있다. 공교롭게도 그러한 변화의 요구를 가능하게 해주는 기술들은 이미 세상에 널려 있다. 또한 IT 측면에서는 한국의 위상이 세계를 선도하고 있으므로 이 기회에 과감하게 투자해 교실을 변신시키고 학교라는 담을 헐어 세계의 학생을 원격으로 가르치는 유연함을 구비한다면 어떨까? 한국의 교육 제도를 배우러 전 세계의 총장들과 교육부 장관들이 줄지어 방문하게 되지 않을까?

한국경제

[기고] 팬데믹이 촉발한 교육환경의 변화

입력 2020.10.23. 오후 2:18

😀😊 2   ◁)) 가가 ↪

학생들이 모여서 수업을 진행하는 우리나라의 학교는 감염병이 확산되고 있는 시기에 극단적인 등교의 제한과 재택수업을 병행하면서 새로운 방식에 의한 타의적인 실험이 진행되고 있다. 학생들도 새로운 환경에서 지식을 습득하는 것이 어렵겠지만, 가르치는 입장에서도 온라인 비대면 수업은 생소한 것이라 매주 학사일정을 소화하는 일이 상당히 버겁다고 한다. 이러닝을 전문으로 하는 교육기관이 아니라면 이런 경우에 사용할 수 있는 자료가 마땅히 구비되어 있지 않기 때문이다. 자료만의 문제라면 초기의 1년 정도만 지나면 마스크 공급 문제가 해결되듯이 자연스럽게 해결될 것이다.

인터넷이 확장되면서 해외의 대학들은 세계적인 대학으로 브랜딩하기 위해서 강좌를 누구라도 들을 수 있도록 개방하는 추세다. 학위를 받으려면 비용을 내야 하지만 그냥 듣고 공부만 하겠다는 사람이 있다면 그것도 가능하다. 더 나아가서 일부 유명 강사들은 경쟁적으로 유튜브에서 공개 강의를 하기도 한다. IT기술의 발달이 가져온 배움의 현장은 학교의 울타리를 넘어서고 있는 중이다. 인공지능이 구현된 강의라면 배우는 입장을 최대한 파악해서 수준에 맞는 설명을 제공할 것이다.

* * *

팬데믹이 우리의 교육에 대한 고정관념을 크게 흔들고 있는 것은 사실이다. 공교롭게도 그러한 변화의 요구를 가능하게 해주는 기술들은 이미 세상에 널려 있다. 또한 IT측면에서는 한국의 위상이 세계를 선도하고 있으므로, 이 기회에 과감한 투자로 교실을 변신시키고 학교는 담을 헐어 세계의 학생을 원격으로 가르치는 유연함을 구비한다면 어떨까. 한국의 교육제도를 배우러 전세계의 대학 총장들과 교육부 장관들이 줄지어 방문하는 나라가 되지 않을까.

15
외국인이 연구한
한국의 교육

아만다 리플리는 교육에 관한 실험적이고 도전적인 기고로 주목받는 미국의 언론인이다. 미국의 교육 시스템은 풍부한 자금으로 첨단 장비들을 갖추고 있지만 학생들의 지식 수준이 떨어진다는 사실에 자극받아 그의 개인적인 연구 프로젝트가 시작되었다. 2000년 처음으로 시도된 피사PISA라는 국제학업성취도 비교 연구에서 미국은 수학 분야에서 중간 정도의 성적을 받았는데 한국은 상위권에 들어 있었다. 비교적 최근에 치러진 피사 결과도 다르지 않았다. 2018년도 결과에 따르면 한국은 수학에서 1점 차이로 2등을 차지하였으나 미국은 OECD 국가 중 간신히 최하위를 면하는 결과를 보였다.

| 출처 아만다 리플리 저/김희정 역 |
부키 | 2014

리플리는 언론인답게 미국의 고등학교 졸업생 3명을 선발해 한국, 핀란드, 폴란드 고등학교에 교환 학생으로 보내 실제 체험으로 교육의 차이를 탐색하는 프로젝트를 실시한다. 돈도 많이 들고 과정도 어려운 이러한 글로벌한 프로젝트를 한국 사람이 했었다면 좋았겠지만, 한국을 포함한 연구를 누군가가 대신 해준 셈이어서 기분이 나쁘지는 않았다. 하지만 탐사 보고서 격인 『무엇이 이 나라 학생들을 똑똑하게 만드는가』라는 책에서 그는 한국의 교육 현실을 적나라하게 드러냈다. 국제 대회에서 매번 우수한 성적을 차지하는 한국 교육 현장의 이면은 '압력밥솥', '다람쥐 쳇바퀴' 등으로 표현되며 기쁨 없는 배움으로 해석되었고, 그에 따라 대학 입학 후에 교육의 열정이 급격히 떨어지는 모델이라는 내용을 담고 있었다. 책을 읽는 내내 얼굴이 화끈거렸다.

사실 한국의 주입식 공교육은 무작정 암기에 가깝다고 해도 과언이 아니다. 심지어 수학도 암기다. 어려운 미분과 적분을 배워서 어디에 쓰는지 아는 사람은 거의 없다고 본다. 학생뿐만 아니라 선생님들도 마찬가지다. 외국어는 문법만 암기하느라 실제로 외국어를 10년이 넘게 배워도 대화가 불가능한 것이 현실이다. 고등학교는 대학을 가기 위한 프로세스일 뿐이며 대학도 취직을 하기 위한 프로세스일 뿐이다. 한국 고등학생은 국제적 평가에서 상위권이지만 대학의 국제적 위상은 그렇지 않다는 점도 그러한 현실을 방증한다.

공교육에서 모범적 사례로 꼽히고 있는 나라는 핀란드이다. 핀란드 교육이 그토록 차별화될 수 있었던 요인은 무엇일까? 기본적으로 핀란 드에서 선생님이 되려면 무척 좁은 문을 통과해야 한다. 사범 대학 졸 업생들 중 30%만이 교생 실습을 갈 수 있고, 실습 시에는 3명의 선생 님으로부터 혹독한 멘토링을 받는다. 엄격한 절차를 거친 만큼 핀란드 에서 선생님의 급여는 미국보다 35%나 높다. 이처럼 최우수 인력을 선 생님으로 선발하고 그에 알맞게 대우하는 동시에 학생들이 선생님들의 높은 성취를 존중하는 것이 핀란드의 방식인 것이다. 또 다른 공교육 혁신의 사례는 폴란드인데, 폴란드는 세계 대전 이후 낙후된 교육 경쟁 력을 높이기 위해 고등학교 기간을 1년 더 늘리는 시도를 했다. 도입 당 시의 우려와는 반대로 학생들의 학습 효과가 상당히 긍정적으로 향상된 결과를 보였다고 한다.

만약 우리나라에서 고등학교 기간을 1년 늘린다고 하면 어떨까? 학 부모나 학생들의 반발이 어마어마할 것이다. 왜냐하면 자녀가 좋은 대 학에 진학하기만 목 빠지게 기다리고 있는 부모들과 학교 생활이 행복 하지 않은 학생들이 좌절할 것이기 때문이다. 부모가 자녀의 교육에 많 이 개입하는 것이 과연 바람직한 것일까? 피사를 고안한 슈라이허는 2009년 설문에 부모에 관한 문항을 추가하여 자녀의 학업 성취도에 부 모가 미치는 영향을 알아보았다. 결과는 우리의 기대와는 달라도 많이 달랐다. 부모가 자녀의 학교 생활에 열심히 관여하는 것이 아이들의 학 업 성취도와는 거의 상관이 없다는 것이다. 그러나 부모가 집에서 스스로 독서하는 모습을 보이거나 책을 읽어주는 경우는 아이들에게 긍정적인 영향을 미치는 것으로 나타났다. 미국의 부모들은 치어리더형이라고 한다. 학교에 자주 와서 행사에 참여하고 응원을 아끼지 않는다. 이에 반해 한국의 부모들은 코치에 가깝다. 엄격한 리더형으로 대화는 거의 없고 결과에 의존하는 스타일이다. 결과적으로 아이들은 자라서 부모를 닮아간다.

우리나라는 공교육에 비해 과도하게 비대해진 사교육이 있다는 점도 다른 나라들과 다른 점이다. 한국에 교환 학생으로 온 미국 학생이 교실에서 처음 마주한 것은 학생들 중 3분의 1이 수업 시간에 편안한 수면을 즐기는 모습이었다. 베개까지 벤 채 렘수면을 즐기는데도 선생님들은 그런 상황이 아무렇지도 않은 듯 무심하게 강의를 했다는 것이다. 이런 내용이 활자화되어 베스트셀러가 되었다니 읽는 내내 얼굴이 화끈거렸지만 사실인데 어쩌겠는가. 결국 사교육에 집중하느라 학교에서는 잠을 잘 수밖에 없는 것으로 마무리되었지만 썩 유쾌하지 않은 결말이었다.

참고로 피사가 조사한 우리나라 학생들의 삶의 만족도는 OECD 평균 이하이다. 가장 최근 자료인 2018년 조사에서도 학업 성취도가 상위권이라고 여러 매체에서 자랑스레 발표했지만, 삶의 만족은 10점 만점에 6.52점으로 OECD 평균 7.04점보다 낮았다. 입시에 모든 초점을 두고 진행되는 학교 교육과 수능 점수에 맞춰 대학과 학과를 고르는 우리의 현실은, 학생 개인에게는 행복의 포기나 다름없다. 또한 국가적 차원에서는 OECD 선진국 반열에 있지만 아직도 개발도상국 시절의 공교육 유전자가 지배하고 있다는 것을 방증하는 듯해서 안타까운 마음이다.

고등학교만 졸업하고도 전문가가 될 수 있고 외국어 하나쯤은 구사할 수 있게 된다면 대학의 역할도 자연스럽게 달라질 것이다. 대학과 기업이 세계적인 수준으로 성장하는 변화의 시작점은 공교육의 혁신에 있다. 그리고 아이들은 그 안에서 좀 더 행복해져야 한다.

외국 사람이 연구한 한국의 교육

김동철 공학박사/유비케어 사외이사 | 입력 2021.04.26 09:00 | 수정 2021.04.29 10:04

아만다 리플리는 교육에 관한 실험적이고 도전적인 글을 기고하며 주목을 받는 미국의 언론인이다. 미국의 교육 시스템은 풍부한 자금으로 첨단 장비들을 갖추고 있지만 학생들의 지식 수준이 떨어진다는 사실에 자극 받아 개인적인 연구 프로젝트가 시작되었다.

2000년 처음으로 시도된 피사(PISA)라는 국제학업성취도 비교연구에서 미국은 특히 수학 분야에서 중간정도의 성적을 받았는데, 자존심 상하게 한국은 상위권에 들어 있었던 것이다. 비교적 최근에 치뤄진 피사 결과도 다르지않았다. 2018년도 결과에 따르면 한국의 수학 성적은 일본에 1점 차이로 2등을 차지하였으나 미국은 OECD국가중 간신히 최하위를 면하는 결과를 보였다.

리플리는 언론인답게 미국의 고등학교 졸업생 3명을 선발해서 한국, 핀란드, 폴란드의 고등학교의 교환학생으로 보내서 체험을 통한 교육의 차이점을 발견하는 프로젝트를 실시한다. 돈도 많이 들고 과정도 어려운 이러한 글로벌한 프로젝트를 한국 사람이 했었다면 좋았겠지만, 한국을 포함한 연구를 누군가가 대신 해준셈이어서 기분이 나쁘지는 않았다.

댓글 ∨

김*희

정말 낯뜨거운 현실입니다. 문제를 알면서도 개선할 수 없는 현실이 더 안타깝습니다.

고*우

국가의 백년지대계인 교육에 대한 고민과 투자는 아무리 해도 지나치지 않을 겁니다. 훌륭한 농부는 씨 뿌릴 땅을 수시로 긁어 준다고 합니다. 이유는 그래야 잡초가 자라지 못하기 때문이랍니다. 보통의 농부는 빈 땅에 잡초가 자라면 그때마다 열심히 잡초를 뽑는답니다. 게으른 농부는 잡초가 자라도 그냥 놔두지요.

오늘 김 박사님의 글은 '씨를 뿌릴 곳에 잡초가 자라지 않도록 긁어 주는 농부의 지혜'가 생각나게 합니다. 김 박사님의 글에 담긴 혜안이 좋은 교육을 제공하는 계기가 되었으면 합니다. 시험 잘 보는 기계형 학생이 아닌, 문제의 핵심을 꿰뚫을 줄 아는 문제 해결형 우등생이 되어 노벨상 수상자가 양산되는 나라가 되길 간절히 소망합니다.

16

자율경영 시스템과 골목상권

대량생산은 조직의 거대화를 촉발하였고, 거대화된 조직은 더 이상 개인의 역량만 가지고는 최상의 조건으로 만들기 어려워졌다. 기본적인 삶을 영위하는 수준에서 대대로 이어오는 가족 기업은 가장의 경영철학이 작동하는 건전한 이익이 있는 기업이다. 그러나 원료 수급, 공장 제조, 마케팅과 영업, 창고와 재고, 현금 흐름 등 각종 전문 분야가 한데 어우러진 일정 규모 이상의 기업이라면 전문경영이라는 분야가 생겨나게 마련이다. 기업이 커짐에 따라 분야별로 계층적인 조직이 생겨나기 시작했다. 우리나라도 미국과 미국에 의해 개항이 이루어진 일본의 기업 제도를 받아들였기 때문에 계층적인 조직이 발달하였다.

계층적인 조직에 취직을 하면 사원으로 시작해서 대리, 과장, 차장 그리고 평사원의 무덤으로 불리는 부장 직급을 마주하게 된다. 이러한 경영 조직은 군대의 상하 조직과 다름없다. 출근하면 부장이 맨 뒷자리에서 부서의 모든 직원의 뒷모습을 바라보고 앉아 있고, 모든 업무는 위에서 내려온다. 그러한 계층적인 조직이 만연했던 시절에는 이제 막 적응을 시작한 신입사원의 역할이 적힌 인사부 가이드라인이 있을 리가 만무해 마땅히 할 일이 없는 신입사원은 영어 공부를 하거나 멍하니 앉아 있었다. 직원들은 영문도 모른 채 야근하고 회식하고, 사생활을 보장받기 어려운 경우도 많았다.

컴퓨터가 확산되던 시기에 수직적이던 조직이 소위 매트릭스 조직이라는 입체적이고 수평적인 조직으로 바뀌기 시작했다. 직원은 동시에 두 개 이상의 조직에 속하게 되고, 따라서 보고해야 할 부장도 여러 명으로 늘어나게 되었다. 각종 시스템이 생겨나고 데이터베이스가 구축되면서 보고서 하나 만드는 데 걸리는 시간이 일주일에서 1시간으로 급격히 단축되었기 때문이다. 이러한 생산성 향상 외에도 모든 직급을 팀장으로 통일하는 추세가 생겨나고 있다. 경영 중심에서 현장 중심으로 바뀌어 가고 있는 것이다. 일례로 직원들이 일을 잘하면 상급자가 칭찬을 받던 구조에서 이제는 직원 본인이 회사의 인센티브를 받는 체제로 바뀌었다. 과거에는 회사에 대한 애사심과 충성심이 강조되었다고 하면 이제는 주인의식이 강조되고 있는 것이다.

직원이 회사의 주식을 옵션으로 받아 주주가 되면 회사를 사랑하는 마음이 생기는 건 당연하다. 이와 동시에 회사는 직원에게 한층 높은 차원의 주인의식을 요구한다. 누가 시키지 않아도 일이 많으면 알아서 야근하고 회사의 성장에 직접적으로 기여하도록 부추긴다. 먼 거리에 떨어져 일하는 글로벌 회사일수록 더더욱 그러한 성향이 강한 조직문화를 만들어야 한다. 사실 여기에는 함정이 있는데, 어쩌면 이러한 것들이 주인의식으로 포장된 충성심에 불과할지도 모른다는 점이다. 진정으로 주인의식이 강하게 길러졌다면 어느 정도의 회사 경험으로 본인의 회사를 창업하거나 이질적인 조직에서도 강한 생명력을 가져야 하는데 실제는 그렇지 않다. 글로벌 기업에서 익숙해진 사람들은 다시 다른 글로벌 기업으로 경력을 이어가는 경우가 대부분이다.

| 출처 브라이언 J. 로버트슨 저/홍승현 역/김도현 감수 | 흐름출판 | 2017

미래지향적인 경영은 어떤 것일까? 브라이언 J. 로버트슨의 『홀라크라시』에서 단서를 찾을 수 있었다. 저자는 4차 산업혁명 시대의 스스로 진화하는 자율경영 시스템을 홀라크라시라고 명명했다. 모든 직원이 해야 할 일은 거버넌스에 기술되어 있으며, 각 개인은 누군가의 지시를 받는 것이 아니라 책무를 기록해 놓은 거버넌스를 찾아보고 스스로 판단해서 업무를 수행한다. 보스가 없는 자율경영 시스템이 이루어지는 것이다. 이는 인간 신체의 모든 기관이 자율신경에 의지해서 조화롭게 운영되는 것을 벤치마킹한 것이다. 심장이 다른 기관과 협의 없이 혈액을 내보내며, 간이 해로운 물질을 걸러낼 때 위에게 사

과하지 않는 것처럼 말이다. 그러나 이러한 경영 혁신을 전체적으로 완성해 효과를 보기까지는 5년 정도의 시간이 필요하다고 하니 경영자들을 난처하게 만드는 화두가 아닌가 싶다.

또한 브라이언 J. 로버트슨은 과거의 안정적인 산업 시대에 완성된 시스템은 예측과 통제가 잘 작동하는 시기에 가치를 발휘한다고 한다. 오늘날의 세상은 빠르고 다양하게 변하고 있기에 예측과 통제가 제대로 작동하지 않는 것은 당연하다. 조직에 민첩성을 더하려고 직원들에게 끝도 없는 열정과 창의성을 강요하는 것은 분명 한계가 있다. 참신한 아이디어가 있어도 이를 층층의 보스들에게 설득해야 하는 기존의 조직은 홀라크라시에서는 장애물일 뿐이다. 개인과 프로세스 위주의 자율경영은 첨단 산업에서부터 시작되고 있으며 실제로 마주칠 순간이 머지않았다. 우리나라의 어디선가는 이미 실험하고 있을 수도 있다.

개인 사업자는 프로세스의 개념이 없으므로 큰 기업을 경영하기 어렵다. 반대로 큰 기업의 경영자라 해도 퇴직해서 개인 사업자로 변했을 때 성공한다는 보장은 없다. 경험한 조직이 클수록 전문성과 사회 적응력과는 거리가 멀어져 개인적인 사업의 성공 확률은 줄어든다. 자율경영 유전자를 보유한 회사원이 조직 생활을 하며 영업 마인드와 경영 마인드를 장착한다면 노후의 개인 사업도 직장에서의 생활과 별반 다르게 느껴지지 않을 수도 있다. 그러나 자율경영 근육이 부족한 퇴직자들은 오늘날 골목상권에서 생존권을 걸고 온몸으로 실전을 치르고 있다. 얼마나 많은 상점이 간판을 바꾸고 있는지를 보면 알 수 있다.

아시아경제 ◁

[톺아보기] 자율경영시스템과 골목상권

입력 2020.11.23. 오후 2:22 · 수정 2020.11.23. 오후 2:23

😀 3   ◁» 까가 ⤴

대량생산이 촉발한 조직의 거대화는 개인의 역량만 가지고는 최상의 조직으로
만들기 어려워졌다. 원료의 수급, 공장에서의 제조, 마케팅과 영업, 창고와 재고,
현금의 흐름 등등의 각종 전문분야가 한데 어우러진 일정 규모이상의 기업이라
면 전문경영이라는 분야가 생겨나게 마련이다. 기업이 커짐에 따라 분야별로 계
층적인 조직이 뒤따를 수밖에 없다.

댓글 ∨

S6***
급변하기도 하고 다양하게도 변하는 세상은 개인이나 조직이나 적응해
야 할 과제인 것 같네요.^^

Dran**
골목상권은 대체로 알바를 써도 마감은 쥔장이 매일 직접 해야 하니 성
가신 게 한둘이 아닙니다!

안*준
앞으로 개인과 회사는 어떻게 될지 고민거리를 던지셨군요. 회사는 새로
운 전략과 기법으로 개인의 역량을 더 극대화하는 방향이 되겠네요.

DW*
조직 중간에 있는 사람으로서 주인의식으로 포장된 충성심, 경쟁을 유
도하는 조직에서 진짜 주인의식과 자율경영 근육을 어떻게 키울지 항상
고민하며 공감합니다.

17

극도의 위기에서 기업의 살아남기

인류의 삶은 위기의 연속이다. 질병, 전쟁, 경제 위기는 인류의 역사와 함께해 왔다. 하지만 2020년을 지나면서 지구촌을 강타한 팬데믹은 현세대가 전혀 예상하지 못한 큰 충격을 던지고 있고, 언제 끝날지 모르는 리스크를 국가와 개인, 기업들이 동시에 피부로 절감하고 있는 중이다. 어찌 보면 질병, 전쟁, 경제 위기가 한꺼번에 온 것 같다. 이 홍역 같은 시기를 넘기지 못하고 역사 속으로 사라지는 운명을 맞이할 회사들도 부지기수일 것이다. 하지만 위기는 기회가 되기도 한다.

코로나로 여행업이 타격을 받자 항공 산업이 위기에 내몰렸다. 사실 항공 산업은 항상 위기와 함께했다. 인류의 위기였던 1, 2차 세계 대전 시기에 유럽과 미국은 군사적 목적으로 항공 산업을 육성했고, 전쟁 기간 동안 전투기 등을 생산하며 항공 산업은 눈부신 발전을 이뤘다. 군용 폭격기를 만들던 항공기 제조 업체에게 전쟁의 종식은 또 다른 위기였지만, 그들은 곧 민항기와 화물기를 만드는 회사로 변신하여 글로벌 확장 전략과 기계, 전자, 소재, IT 등 첨단 기술과의 융합으로 큰 이익을 남기며 성장했다. 지금처럼 바이러스가 항공 산업의 위기가 될 줄은 그 누구도 몰랐다.

국내의 모든 항공사는 살아남기 위해 처절하게 몸부림치며 냉정한 칼바람을 버티고 있는 중이다. 미국의 항공 업계는 우리나라보다 역사가 길기 때문에 지금뿐만이 아니라 예전에도 치열한 경쟁 상태에 놓여 있었다. 1978년 미국 의회가 항공 비즈니스의 자유 경쟁을 선포하는 의미로 기존의 규제들을 철폐하자, 규제 속에서 승승장구하던 펜암은 생존을 위한 변화에 뒤처지면서 제임스 본드가 즐겨 타는 항공사라는 브랜드 명성에도 불구하고 문을 닫았다. 반면에 MBA 출신 CEO 로버트 로이드 크랜들이 이끄는 아메리칸 항공은 두 가지 혁신에 성공하여 살아남았다. 노조와의 극적인 타협으로 새로 입사한 직원들의 임금을 낮추는 데 성공하였으며, 여행사들이 공동으로 사용하는 예약 시스템을 보급해 모든 고객들의 다음 여행 경로와 시기를 예측할 수 있는 빅데이터를 확보했다. 이러한 시도에서부터 빅데이터라는 개념이 나타나기까지는 무려 30년이 걸렸다. 물론 경쟁사들이 따라 하기도 힘든 창의적인 시도였다. 현재 한국의 모든 여객기는 수입한 것이며, 심지어 예약 시스템도 해외에 의존하고 있다. 항공에 관한 한 한국은 이용자에 불과하다는 현실은 참으로 안타깝게 다가온다.

독점이라는 용어는 부정적으로 들리지만, 기업의 입장에서 이보다 좋은 것은 없다. 어느 한 순간이라도 독점이 존재한다면 이는 사실상 표준De facto standard을 만드는 일이기도 하다. 시장을 선도하고 어려움에서 살아남은 기업들은 연구에 기반한 특허가 수두룩하고, 그러한 특허들 중에서 발굴되어 상품화되는 것들은 독점과 표준화 단계를 거친다. 지금도 각종 첨단 무기들은 거의 독점에 가깝다. 사실 IT의 기술과 부품을 보면 거기도 안드로이드나 인텔칩 같은 독점과 표준이 존재한다.

우리나라를 포함해 동양의 국가들이 글로벌 표준을 선도하는 경우는 그리 많지 않아 보인다. 일본의 IT는 소니와 파나소닉이 주도하였으나 자국에서의 성공에 취해 글로벌화에 실패하였다. 일본의 컴퓨터 제조기술은 IBM의 메인프레임 컴퓨터와 경쟁할 정도였지만 표준화도 실패하고 일본에서만 사용하는 시스템이 되어 버렸다. 세계화에 실패해 결국 고립되고 폐쇄되는 '갈라파고스 현상'이 일어난 것이다. 우리는 어떨까? 한국도 SW 강국으로 불리고는 있지만 국제 무대에서 독창성과 표준화 측면에서 두각을 보이고 있지는 않다. 그렇다면 중국은 어떤가? 최초로 종이와 화약을 발명하고 서양보다 5백 년이나 앞서 천문대를 운영했던 중국의 방대한 지식은 정부 지원 부재로 그저 종이 위에 머무른 채 세계 무대에서 활약할 기회를 갖지 못하였다.

현재 아마존의 클라우드 매출은 2위부터 10위까지의 매출을 합쳐도 따라올 수 없는 부동의 선두이다. 1981년 IBM이 그랬다. 나머지 2위부터 8위까지의 매출을 합친 것보다 많아서 "IBM과 일곱 난장이"라는 우스꽝스러운 말도 있었다. 이후에 삼성전자가 IBM을 추월한 뉴스는 거인의 자존심에 상처를 내기에 충분했다. 그런데 IBM은 그보다 더 뼈아픈 뉴스를 만들어 내고 말았다. 개인용 컴퓨터에 시스템 소프트웨어를 납품하는 직원 32명이 전부인 마이크로소프트의 중요성을 간과하고 엄청난 자금을 투입해 독자적인 운영체제를 만들었다가 사장시킨 것이 문제였다. 결국 IBM의 개인용 컴퓨터 사업은 중국 업체인 레노버에 매각되었고, IBM의 개인용 운영체제는 사라졌으며, 무시당하던 마이크로소프트는 IBM보다도 성공적으로 살아남은 글로벌 회사가 되었다. 개인의 입장에서 IBM보다 마이크로소프트가 일상의 표준으로 자리 잡았다고 볼 수 있겠다. 물론 지금은 구글이라는 엄청난 경쟁자가 있으니 앞으로의 10년은 새로운 경쟁의 장이 될 것이다.

사피 바칼은 『룬샷』에서 기업의 실패 중에는 함정에 빠진 가짜 실패가 있을 수 있다고 한다. 장기적인 안목에서는 살아남을 수 있지만 기업의 단기적 목적에 부합하지 못해 사장되는 실패도 그러할 것이다. IBM의 개인용 운영체제는 현재의 클라우드상에서 가치를 십분 발휘할 수 있었을지도 모른다. 몇 년만 더 버티며 기회를 노렸다면 마이크로소프트의 Windows보다 월등한 성능과 안정성을 가진 프리미엄 운영체제로 자리를 잡았을 것이라는 생각이다.

전쟁, 경제 위기, 팬데믹은 반복되는 것이며 세계의 질서에 큰 영향을 끼친다. 지금은 이 모든 것이 동시에 드러난 시기로 세기에 한 번 정도 나타나는 변화가 일어날 것 같은 조짐이다. 천재와 우연이 결합하면 세상을 바꾼다는 말이 있듯 어느 누구라도 아이디어가 있다면 드러내서 세상을 바꾸는 데 기여해 볼 만하다.

한국경제

[기고] 극도의 위기에서 기업의 살아남기

입력 2021.06.02. 오후 3:34

😊 2

인류의 삶은 위기의 연속이다. 질병, 전쟁, 경제위기 등은 늘 인류의 역사와 함께 해왔다. 하지만 2020년을 지나면서 지구촌을 강타한 팬데믹은 현 세대가 전혀 예상하지 못한 큰 충격을 던지고 있고, 언제 끝날지 모르는 리스크를 국가와 개인들이 동시에 피부로 절감하고 있는 중이다. 기업들도 마찬가지다. 어찌보면 질병, 전쟁, 경제위기가 한꺼번에 온 것 같다. 이 홍역 같은 시기를 넘기지 못하고 역사책 속으로 사라지는 운명을 맞이할 회사들도 부지기수일 것이다. 하지만 위기는 기회가 되기도 한다.

코로나로 여행업이 타격을 받자, 항공산업이 위기에 내몰렸다. 사실 항공산업은 항상 위기와 함께 했다. 1,2차 세계대전은 인류의 위기였지만, 그 시기 유럽과 미국은 군사적 목적으로 항공산업을 육성했고 전쟁 기간 동안 전투기 등을 생산하며 항공산업은 눈부신 발전을 이루게 된다. 군용 폭격기를 만들던 항공기 제조업체에게 전쟁의 종식은 또 다른 위기였다. 하지만 항공기 제조업체들은 민항기와 화물기를 만드는 회사로 변신하여, 글로벌 확장 전략과 기계, 전자, 소재, IT 등 첨단기술과의 융합으로 이익이 남는 성장을 이루었다. 그리고 바이러스가 항공산업의 위기가 될 줄은 그 누구도 몰랐다.

• • •

전쟁, 경제위기와 팬데믹은 반복되는 것이고, 세계의 질서에 큰 영향을 끼친다. 또한 천재와 우연이 결합하면 세상을 바꾼다는 말도 있다. 지금은 이 모든 것이 동시에 드러난 시기로 세기에 한번정도 나타나는 변화가 일어날 것 같은 조짐이다. 어느 누구라도 아이디어가 있다면 드러내서 세상을 바꾸는데 기여해볼만 하다.

18

확장된
암호 화폐

　2000년 이전만 해도 현금 이외에는 지불이나 교환 수단이 여의치 않았다. 개인 간에 은행이 보증하는 수표가 사용되거나 회사 간에 어음이 통용되는 정도였다. 그 당시 우리나라는 개인의 신용에 대해 상당히 보수적이었기 때문에 미국과 달리 개인 수표 통용은 성공하지 못하였다. 최근 들어 인터넷과 모바일 기술을 기반으로 한 금융의 IT화가 혁신적으로 진행되는 과정에서 새로운 개념의 화폐가 등장하였다. 국가가 중앙은행을 통해 지급을 보증하는 화폐의 개념이 아닌, 실물도 없고 보증도 없이 완전히 수요 공급의 법칙에 따라 거래되는 각종 코인과 대체 화폐들이 넘쳐나고 있다.

　7~8년 전 중국의 핀테크를 처음 접했을 때 상당히 충격적이었다. 걸

인은 QR 코드로 기부받고 있었고, 시장의 아주머니는 핸드폰에 카드 리더기를 연결해서 결재를 하였다. 새로운 우버 택시는 기사가 돈을 받지도 않았다. 도착 버튼을 누르면 자동으로 지급되도록 되어 있기 때문이다. 이런 와중에 중국의 은행에 돈다발을 포대 자루로 들고 와서 창구에서 거래하는 일도 있었는데, 중국이 고액권을 허용하지 않기 때문이었다. 이처럼 폐쇄된 계획 경제에서도 핀테크가 보편화된 것을 미루어 보면, 코인 같은 새로운 대체 화폐를 통제하기가 쉽지 않을 것임을 알 수 있다.

코인은 컴퓨터의 조작으로 채굴되는 방식으로, 규모의 한계를 가지는 속성이 있어서 주로 투기 수단으로 이용되고 있다. 따라서 대체 코인과 유사 코인이 계속 등장할 수밖에 없다. 이러한 코인은 정부가 법적으로 규제를 할 경우 어느 한 순간에 가치를 잃게 될 수도 있는 초고위험 투자 대상이다. 또한 거래소의 해킹 사고는 투자금과 개인 정보를 모두 털리는 대형 사고가 된다. 해커들에게 들어가는 자금과 개인 정보가 좋은 곳에 사용되지 않을 것이라는 것은 자명하다.

암호 화폐는 잘 몰라도, 여러 가지 거래에서 생겨나는 포인트는 누구에게나 익숙하다. 이 또한 실물이 없는 대체 수단일 뿐이다. 스마트폰에는 모든 금융 기관에 퍼져 있는 개인들의 각종 금융 자산이 들어 있다. 그리고 특정한 앱에 들어 있는 포인트는 자유롭지는 않지만 현금처럼 사용할 수 있다. 포인트 사용의 좋은 예가 스타벅스다. 개인들끼리 포인트를 주고받기도 하고 심지어는 거래하기도 한다. 금융 기관에는 '오래된 통장에 있는 잃어버린 돈 주인 찾아 주기' 캠페인이 있는데, 여러 통장에 수백 원부터 수천 원까지의 잔액을 모으면 생각보다 큰 금액이 되는 경우도 있다. 포인트도 마찬가지다. 자신의 포인트 자산을 모두 다 알고 있기는 쉽지 않으며, 각종 카드사에서 받아 놓은 포인트도 한곳으로 모으면 돈이 되기도 한다. 만약 출장이나 여행을 다니며 모은 항공사의 마일리지도 한쪽의 항공사로 모을 수 있다면 공짜 비행기표가 생길 수도 있을 것이다.

업체가 발행한 포인트는 언젠가는 고객에게 돌려줘야 하는 채무이기에 기업의 회계에서 부채로 인식된다. 개인들이 포인트를 사용하든, 버리든, 아니면 거래하든 발행 총량을 넘지는 않기 때문에 모든 포인트가 상호 교환되는 포인트 환전소가 생길 수도 있겠다. 기업 입장에서는 고객이 포인트를 잃어버려 '낙전 효과'가 커지길 바라겠으나, 소비자 입장에서는 포인트를 하나로 통일해 원하는 소비를 할 수 있게 되는 것이 바람직하다. 시스템만 잘 만들어 놓으면 이를 전 세계적인 포인트 환전소 또는 거래소 비즈니스로 탈바꿈할 수 있을 것이며, 기업들은 고객 유치와 경쟁력 확보를 위해 울며 겨자 먹기로라도 자발적으로 자사의 포인트를 등록하게 될 것이다.

꼰대들은 잘 모르는 엄청나게 커진 가상 공간이 있는데, 바로 게임의 세계이다. 전 세계 젊은이들은 시간 가는 줄 모르고 게임에 몰입한다. 엔도르핀이 극도로 충만한 상태에서 소비하는 금액은 지구촌을 하나의 경제권으로 만들기에 충분하다. 어른들이 현실 세계에서 부동산과 명품에 허우적대는 동안 게임에서도 일종의 명품들이 거래되고 있다. 만약 게임 머니로 구매한 명품을 현실에서 진짜 명품으로 바꾸어 주는 이벤트가 있다면 오프라인의 명품족들을 게임의 세계로 끌어들이는 최고의 마케팅이 될 것이다.

대체 화폐가 일상이 된다면 해외 여행 시 환전할 필요 없이 공용화된 대체 화폐를 그대로 쓸 수 있다. 전자 화폐이니 다른 나라로 갔을 때 자동으로 그 나라에서 통용되는 모드로 전환되게 하기만 하면 될 것이다. 정부의 화폐는 지정된 조폐국에서만 만들어낼 수 있지만 대체 화폐의 발행처는 기업이나 개인일 수 있다. 그렇다 보니 공공 화폐로 쓰이기 위한 조건을 만드는 작업은 필요하겠지만 블록체인과 마이데이터 등의 추세로 보아 대체 화폐의 확산은 피하기 어렵다.

반대로 지역 사회에서 한정적으로 통용되는 지역 화폐도 발행되고 있다. 소비를 활성화하고자 할인해서 판매하기도 한다. 상점에 따라 통용되는 지역 화폐가 다른데, 영업적인 센스가 있는 상인들은 가리지 않고 받아준다. 어차피 다 액면 가치는 보장된다는 사실을 알고 있기 때문이다. 만약 통신사 포인트를 지역 화폐로 전환해 준다면 어떨까? 통신사의 포인트를 전부 쓰는 사람이 거의 없는 만큼 쓰고 남은 포인트를 쉽게 소진할 수 있는 창구가 생긴다면 소비자들은 열광할 것이며, 지역 경제 발전에 거름이 되면서도 별도의 예산이 들지도 않을 것이다.

잠자고 있는 우리나라 국민들의 포인트는 세계적으로 퍼져 있을 수도 있다. 넘어야 할 장벽들이 있겠지만 국가적 포인트 모으기 운동을 해보면 의외로 큰 경제적 도움이 될 수도 있겠다는 생각이다.

한국경제

[기고] 확장된 암호화폐

입력 2021.05.04. 오후 2:00

😀 공감   ◁»))가 ⤴

20여년 전만 해도 화폐 이외의 지불이나 교환 수단이 여의치 않았다. 개인들 간에는 은행이 보증하는 수표가 사용되거나 회사 간에는 어음이 통용되는 정도였다. 그 당시 우리나라는 개인의 신용에 대해 상당히 보수적이었기 때문에 미국과 달리 개인수표의 통용은 성공하지 못했다. 최근 들어서 인터넷과 모바일 기술을 기반으로 한 금융의 IT화가 혁신적으로 진행되는 과정에서 새로운 개념의 화폐가 등장하였다. 국가가 중앙은행을 통해서 지급을 보증하는 화폐의 개념이 아닌, 실물도 없고, 보증도 없는, 완전히 수요 공급의 법칙에 따라 거래되는 각종 코인과 대체 화폐들이 넘쳐나고 있다.

댓글 ˅

밤*찬
포인트 거래소는 기업들은 싫어하겠지만 좋은 일에 쓰일 수 있겠다는 생각입니다.

19

양손잡이 경영

　야구에는 스위치 히터라는 용어가 있다. 상황에 따라 우타석과 좌타석을 자유자재로 바꾸어 플레이하는 타자를 가리키는 말이다. 반면 투수를 비롯한 수비 진영에서는 오른손과 왼손을 바꿔 가면서 쓰는 선수를 찾아보기 어렵다. 스위치 히터는 전략적으로 투수를 엄청 괴롭힌다. 보통 스위치 히터는 투수가 오른손잡이면 왼쪽 타석에 서고, 왼손잡이면 오른쪽 타석에 서서 투수를 어렵게 만든다. 타자가 포지션을 바꿀 때마다 투수를 교체할 수도 없는 노릇이라 감독의 고민도 깊을 수밖에 없다. 그나마 양손잡이가 드물다는 것이 큰 위안이 될 것이다.

　이와는 다르게 사회에는 양손잡이가 너무나 흔하다. 두 가지 이상의 재능을 가진 사람들이 즐비하다. 멋진 외모에 공부도 잘한다. 운동을 잘하는데 2개 국어를 한다. 요리도 잘하고 노래도 잘한다. 여기에는 엄청난 노력이 필요하지만 일단 이런 기술을 가진 반열에 오르면 세상살이에 적용되는 제약이 상당히 약해진다. 개인의 경쟁력이 높아지는 것이다. 보여 주기식의 자격증보다는 이러한 실질적인 내용이 파괴력이 있다는 소견이다.

기업 경영에 양손잡이라는 개념이 어떻게 표현될 수 있을까? 우선 외적 성장과 재무적 안전성을 함께 이룬다거나 그동안 잘해온 것과 새로운 도전과제를 동시에 실행하는 것, 시너지와 파괴적인 효과를 동시에 추구하는 식의 큼직한 어젠다가 있겠다. 이와 더불어 영업과 고객만족을 동시에 추구한다든지 제품과 서비스를 동시에 판매하는 '윈윈' 전략도 양손잡이 능력에 포함된다. 한 손은 영업하는 손이고 다른 한 손은 고객의 손이다. 성공한 기업의 임원들을 보면 거의 전부가 이러한 능력을 갖추고 경쟁에서 살아남은 투사들이다. 드라마에 나오는 멋진 커리어의 사회인이 되고 싶다면 뛰어난 양손잡이^{Ambidexterity}가 되어야 할 것이다.

단순히 살아남는 정도가 아닌 공격적인 기능을 갖추고 경쟁하고 싶다면 파괴적인 양손잡이^{Disruptive Ambidexterity}가 되어야 할 것이다. 기업이 혁신을 꾀하는 방법은 기존의 프로세스를 파괴적으로 바꾸고 극도의 효율성을 추구하는 것이다. 경쟁사들이 시장에서 어려움을 겪게 만들 정도의 게임체인저가 되는 것이다. 스탠포드 경영대학원 찰스 오라일리 교수와 하버드 경영대학원 마이클 투시먼 교수는 공저인 『리드 앤 디스럽트』에서 이에 대한 사례들을 언급하고 있다.

| 출처 찰스 오라일리, 마이클 투시먼
저/조미라 역 | 처음북스 | 2020

현재 미국 캔 생산 1위 업체인 '볼 코퍼 레이션'은 1880년에는 기름 저장용 나무 양동이를 만들던 회사였다. 볼 코퍼레이션은 혁신적인 소재의 변화로 성공적이고 연속적인 비즈니스 성장을 이루어 냈다. 뚜껑을 돌려서 닫는 저렴한 유리병의 개발은 소재를 나무에서 유리로 바꾼 첫 번째 혁신이었다. 1980년대까지는 가볍고 오랫동안 보관이 가능한 알루미늄 캔을 개발하였다. 그리고 꾸준한 연구로 현재는 비용과 제품 개발 시간을 줄여 친환경적인 플라스틱 용기를 개발하기에 이르렀다. 볼 코퍼레이션은 유리병, 알루미늄 캔, 플라스틱 용기의 최초 개발자는 아니었지만 성숙한 시장과 신규 시장에서 성공할 수 있는 양손잡이 능력을 가지고 있었다. 또한 현재는 아주 새로운 변화로 우주 항공 분야로의 투자를 지속하고 있다.

아마존은 2000년까지 절대로 손해보지 않는 온라인 소매 서점을 운영하였다. 초기의 아마존은 고객에게 책값을 선불로 받고 도매상에 지급할 대금 지급을 월말로 미루는 식으로 운영하며, 창고도 없이 그 어느 서점보다도 방대한 양의 책을 제공했다. 그로부터 5년 후 아마존은 온라인 소매 업체에서 다른 소매 업체들을 위한 온라인 소매 플랫폼 업체로 변신하게 된다. 그리고 한 달 회비인 79달러를 내면 모든 제품을 이틀만에 배송받을 수 있는 서비스를 제공하면서 고객의 충성도를 높이는 데 성공한다. 현재 아마존은 모든 종류의 프로그램을 실행할 수 있는 클라우드를 제공하는 난공불락의 세계 1위 업체로 거듭났으며, 기타 모든 경쟁자들의 매출을 합쳐도 아마존을 따라오지 못할 정도의 우위를 점하고 있다.

앞에서 보여준 두 가지 전형적인 예는 전통적인 제조 기업과 최첨단 IT 서비스 기업의 사례이다. 볼 코퍼레이션과 아마존의 공통점은 지속적인 혁신으로 경쟁력의 초격차를 이루었으며 그러한 과정에 성공 증후군Success Syndrome을 극복한 리더들이 있었다는 것이다. 성공 증후군이란 이미 크게 성공한 조직은 단기적인 성장 목표를 이루기 위해 새롭고 어려운 도전과제를 수행하기 어렵다는 것이다. 자랑스런 전통을 가진 위대한 기업들이 이러한 성공 증후군에 빠지기 쉽다. 폴라로이드와 코닥은 당시에 이미 디지털 이미지 기술과 최고의 전자 제품 기술을 가지고 있었지만 가치를 알아보는 리더의 부재와 성공 증후군 때문에 지금은 시장에서 찾아보기 어렵게 되었다.

최근 기업들은 성공 증후군에 빠지지 않고 성공적인 양손잡이 모델을 만들기 위해 사내 벤처를 활성화하는 추세이다. 신기술과 창의적인 아이디어로 무장한 사내 벤처는 독립적으로 운영되는 동시에 경영진의 유기적인 협조를 받아야 한다. 네이버는 삼성 그룹의 사내 벤처에서 시작된 성공적인 사례이다. 이러한 벤처가 성공하려면 단기적인 성과보다는 장기적인 마일스톤이 중요하며, 기존 조직과는 완전히 다른 유전자를 완성할 수 있도록 경영진의 전략적인 지원이 필요하다. 이러한 발상과 실행으로 수많은 성공적인 벤처들이 나오길 기대해 본다.

칼럼 ⌄

[톺아보기] 양손잡이 경영

f 🐦 ↱　최종수정 2021.04.05 14:40　기사입력 2021.04.05 14:40

야구에 스위치히터라는 용어가 있다. 좌우 타석을 자유자재로 바꾸는 타자를 가리키는 말이다. 스위치히터는 투수가 오른손잡이면 왼쪽 타석에 서고, 왼손잡이면 오른쪽 타석에 서서 투수를 어렵게 만든다. 타자가 포지션을 바꿀 때마다 투수를 교체할 수도 없는 노릇이라 감독의 고민도 깊을 수밖에 없다.

기업을 경영함에 있어서는 양손잡이라는 개념이 어떻게 표현될 수 있을까. 외적 성장과 재무적 안전성을 함께 이룬다. 그동안 잘해온 것과 새 도전 과제를 동시에 실행한다. 시너지와 파괴적 효과를 동시에 추구한다. 성공한 기업의 임원을 보면 거의 전부가 이러한 능력을 갖추고 경쟁에서 살아남은 투사들이다. 드라마에 나오는 멋진 커리어의 사회인이 되고 싶다면 뛰어난 양손잡이가 돼야 한다.

댓글 ⌄

고*우
양손잡이 경영이 산업계 전반에 펼쳐져 21세기 대한민국의 웅비를 기원합니다.

최*석
양손잡이가 몸의 균형에도 도움이 되듯이 기업에도 필요하군요.

20

고객이 비즈니스 지도를 바꾼다

　기술의 발달이 세상을 바꾸어 놓았다. 이것은 사실이다. 앞으로도 그럴 것인가? 아무도 장담할 수 없다. 하지만 새로운 발견과 혁신적인 기술은 지속적으로 나올 것이고, 세상은 그러한 추세에 익숙해져 있다. 발전이 한동안 중단되거나 급격한 변화가 찾아오지 않는 한 지금과 같은 변화의 물결은 지속될 것이며, 그것은 당연하게 여겨질 것이다. 기업과 고객의 관계도 변화 중이다. 기업이 제품을 만들면 고객이 수동적으로 사서 사용하던 시절은 지나갔고 최근의 기업은 고객의 니즈에 따라 맞춤형으로 제품을 만들기 시작하였다. 이러한 변화 속에서도 기업은 그동안 축적한 인적, 물적 자산을 중하게 여기는 철학을 소중히 간직해 오고 있다.

변화는 여러 곳에서 촉발되고 있으며 그에 따라 비즈니스 영역에서도 엄청난 변화가 일어나고 있다. 예전부터 '틈새 시장 공략'이라는 말이 있었다. 이는 대기업들이 CRM이라는 영역으로 관리해 오던 고객의 틈바구니에서 소외된 시장을 노리는 전략이다. 어디든지 소비자로 불리는 고객이 존재하며, 그들의 행위를 관찰하고 분석함으로써 새로운 비즈니스 아이디어가 생겨났다. 기존 시장을 지배하던 기업들은 기득권적인 사업을 혁신하거나 포기하지 못해 아이디어만으로 뭉친 작은 기업의 도전에 머쓱하게 자리를 내어주고 있다.

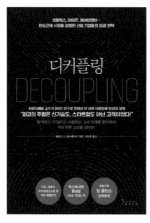

| 출처 탈레스 S. 테이셰이라 저/김인수 역 | 인플루엔셜 | 2019

하버드 경영대학원 교수이자 디지털 마케팅과 전자상거래 분야의 전문가인 탈레스 S. 테이셰이라는 저서 『디커플링』에서 새로운 변화를 체계적으로 기술하였다. 그는 평가, 선택, 구매, 소비로 이루어진 고객의 가치 사슬이 전통적으로는 하나의 절차로 인식되어 왔지만 기술의 발달과 사회적 변화로 인해 각각의 행동으로 분리되고 있고, 경쟁 기업이 아니라 소비자인 고객이 그것을 촉발한다고 주장한다.

많은 소비자들이 오프라인 매장에서 전자 제품을 둘러보고 가격비교 사이트에서 정보를 검색한 후에 해당 제품을 최저가로 판매하는 전자상거래 사이트에서 구매한다. 이러한 행위를 쇼루밍이라고 하는데, 선택하기와 구매하기가 분리된 것이다. 아마존 같은 글로벌 업체는 이러한 파괴적인 전략으로 고객을 확보하기 위해 오프라인 매장에서 찍은 제품 사진만 가지고도 아마존에서의 구매 가격과 손쉽게 비교할 수 있는 모바일 앱을 만들었다. 엄청난 재고 비용과 매장을 운영하는 고정 비용을 감당해야 하는 오프라인 업체들은 단기적으로 가격을 경쟁적인 수준으로 내리는 방법 이외에는 탈출구가 보이지 않는다. 장기적으로는 감내하기 어렵다는 것을 누구나 알 수 있다.

SNS상의 리뷰 사이트는 평가하기와 선택하기를 분리하는 파괴적 역할을 맡고 있다. 순진해 보이는 고객들의 날카로운 평가가 모여서 이루어진 정보는 내가 사고 싶은 것과 남들이 사고 싶은 것의 차이를 설명해 주기도 하고, 최종적으로 선택하기의 의사결정에 상당한 영향을 미친다. 요즘은 이런 평가를 전문으로 해주는 직업도 생겨났다. 또한 주문한 물건을 집 근처의 편의점에서 찾을 수 있게 되었는데, 이것은 구매하기와 소비하기 사이에서 기존의 편의점이 파괴적으로 자리를 만든 경우이다.

기술과 프로세스가 바뀌고 소비자도 집단지성으로 무장했다면 기업도 그에 상응하는 것 이상으로 바뀌어야 살아남는다. 투자가 아깝다고 생각하거나 이익이 나고 있다는 이유로 새로운 분야로의 과감한 투자를 게을리한다면 발만 동동 구르다가 기회를 놓치는 뼈아픈 경험을 하게 될 것이다. 미국의 오프라인 업체인 베스트바이는 아마존에게 고객을 빼앗기지 않으려고 현상을 유지하는 수준에서 모든 수단을 동원했으나 결국 아주 색다른 결정을 하기에 이르렀다. 삼성을 만난 것이다. 베스트바이는 미국 진출과 시장 개척을 원하는 삼성 제품 전용 전시실을 유료로 만드는 것에 합의하였고, 다른 기업과도 유사한 계약을 체결하여 오프라인 판매업에서 전시몰을 운영하는 전문 업체로의 파격적인 변신에 성공하였다. 이는 결코 남의 나라 사례로만 남지 않을 것이다.

아마존은 IT 장비를 만들거나 파는 회사가 아니라 전자상거래 회사이다. 그러나 아마존이 만든 클라우드 회사인 AWS^{Amazon Web Services}는 비교적 짧은 순간에 모든 IT 제조사와 사용자 사이에 들어와 버렸다. AWS는 온디맨드 컴퓨팅[29]과 유틸리티 컴퓨팅[30]이라는 용어를 가상화와 오토스케일링 같은 현실적인 기술로 구현해 매력적인 가격과 신속한 가용성을 무기로 고객이 IT 자원을 구매하는 것과 사용하는 것을 분리해 냈다. 현재는 이러한 클라우드 서비스에 익숙하지 않은 사용자들에게 클라우드로의 디지털 트랜스포메이션을 제공해 주는 베스핀글로벌이나 메가존과 같은 대형 서비스 업체도 활발하게 활약 중이다.

WE ARE A CLOUD OPS COMPANY

베스핀글로벌은 클라우드에 특화된 매니지드 서비스 기업(MSP)입니다.
클라우드 이전을 통해 고객의 비즈니스와 디지털 혁신의 전 과정을 돕습니다.

| 출처 베스핀글로벌 홈페이지 https://www.bespinglobal.com/

• • • • •
29 컴퓨팅 자원이 필요할 때 필요한 만큼 곧바로 제공받아 이용하는 방식.
30 전기나 수도처럼 컴퓨팅 자원 사용 정도를 측정하여 사용한 만큼만 비용을 지불하는 방식.

사람들은 바쁜 와중에 커피가 마시고 싶으면 어떻게 하는가? 스타벅스는 고객들의 충성도를 높이는 방법으로 모바일 앱을 통해 선택하기와 주문하기를 미리 할 수 있도록 하였다. 그것도 부족해서 이제는 고객이 있는 곳까지 배달을 해주는 서비스까지 제공하고 있다. 고객의 가치 사슬이 경쟁자에 의해 끊어지지 않도록 선제적으로 공격적인 수비를 하고 있는 것이다. 여기에 핀테크 기술과 소셜 네트워크의 힘이 더해지면서 시공을 초월한 시너지가 발생하였다. 커피 상품권에 케이크를 더해 고마운 사람들에게 손쉽게 감사를 표할 수 있게 한 것이다. 선물할 때는 돈을 아끼지 않는다는 인지상정을 간파한 마케팅이다. 주 제품인 커피의 맛은 그대로인데 프로세스를 고객 중심으로 개선하여 꾸준히 매출을 증가시키는 것으로, 디지털의 파워를 실감하게 만드는 대목이다.

모바일과 IT는 고객을 끌어당긴다. 고객들의 가치 사슬을 경쟁자들로부터 지켜내는 일은 이제는 제품의 혁신을 넘어서 고차원적인 고객 중심 사고가 필요하다. 앞으로는 고객 이해도와 신기술 인프라 활용 수준이 기업의 미래를 좌우할 것이다.

칼럼 ⌄

[톺아보기] 고객이 비즈니스 지도를 바꾼다

f 🐦 ⎙ 최종수정 2021.06.30 14:45 기사입력 2021.06.30 14:45

기술의 발달이 세상을 바꾸어 놓았다. 이것은 사실이다. 앞으로도 그럴 것인가? 아무도 장담할 수 없다. 하지만 새로운 발견과 혁신적인 기술은 지속적으로 나올 것이고, 세상은 이미 그러한 추세에 익숙해져 있다. 지속적인 발전이 한동안 중단되거나 급격한 변화가 찾아오지 않는 한 지금과 같은 변화의 물결은 당연한 것으로 간주된다.

하버드 경영대학원 교수이자 디지털 마케팅과 전자상거래 분야의 전문가인 탈레스 S. 테이세이라는 최근의 저서 디커플링(Decoupling, 2019)에서 새로운 변화를 체계적으로 기술하였다. 고객의 가치 사슬은 평가하기, 선택하기, 구매하기와 소비하기로 이루어지며 전통적으로는 하나의 절차로 인식되어 왔지만, 기술의 발달과 사회적 변화 등으로 위의 4가지 행동이 분리되고 있으며 이것은 경쟁자가 아닌 소비자인 고객이 촉발하고 있다는 주장이다.

댓글 ⌄

신*종
대표적으로 가치 사슬에 변화를 준 기업이 배달 대행 업체 '부릉'이나 '요기요'가 아닐까 생각합니다. 이런 부분을 기업 내부에서 먼저 선점을 하면 어떨까 생각을 해봅니다.

닥미**
스벅이 저가 커피(이디야, 메가 등)의 공세 속에서도 선전하는 이유가 있더라는 말씀이네요!

진*두
예전에도 그랬지만 이제는 더더욱 고객의 니즈, 트렌드에 선제적으로 대응해야 살아남을 수 있습니다.

21

기술과
진실성

오늘 점심에 무엇을 먹을까? 내 몸이 무엇을 원하고 있는지 귀 기울여 볼 필요가 있다. 사람마다 습관적으로 선택하는 식당이나 메뉴가 있을 수도 있고, 때로는 주변 사람들에 편승해 가기도 한다. 책상 위의 전단지에는 새로 나온 메뉴를 시식해 보는 행사가 그럴 듯하게 광고되고 있다. 이때 스마트폰에서 나를 분석한 인공지능이 오늘의 점심 메뉴를 추천해 준다. 나보다 나를 잘 아는 누군가가 있다는 것은 시스템에 의한 스토킹이지만 대충 받아들여지고 있다. 그럼 실제로 무엇을 먹을 것인가? 인공지능이 추천해준 메뉴를 시킬 것인가? 몸이 원하는 것을 따르는 것이 진실이라고 한다면, 그와 다른 것을 선택한 경우는 진실에 등을 돌리는 행위를 하는 것이나 마찬가지이다.

최근의 행동 경제학에 따르면 대부분의 사람들이 의사결정이나 선택을 할 때 항상 최고의 결정을 하는 것은 아니라고 한다. 심지어 똑똑하다는 사람마저 비이성적 선택을 거듭한다고 하는데, 이것은 잘못이 아니라 현실일 뿐이다. 빅데이터적인 접근은 이러한 의사결정을 하는 대중의 의견을 데이터로 모으고 분석하는 것이다. 그렇다 보니 오히려 빅데이터 접근이 최고의 결정을 피해가는 데 도움을 준나는 우스갯소리도 있다. 인공지능도 크게 다르지 않다. 사실 그러한 내용을 분석하는 방법이 상이할 뿐 현재까지의 현상에 기반을 둔 것이라 사람들이 집단으로 잘못된 결정을 하면 그마저도 하나의 사실로 받아들인다.

수년 전 국내의 어떤 섬의 전력 수요 예측 프로젝트 결과를 접한 적이 있다. 전력 수요 예측에는 전력 부족으로 인한 사회 마비를 방지하고자 하는 의도가 있는데, 육지와 떨어져 있는 섬이다 보니 육지의 전력 수요 예측 모델과는 다른 별도의 모델이 있어야 했다. 그런데 며칠 후 그 지역의 전기와 관련된 이상한 뉴스를 접했다.

뉴스 내용의 골자는 지금 그 지역에는 전기가 남아도는데 저장도 못하는 전기 생산을 위해 풍력발전기를 과도하게 투자해 문제가 되고 있다는 것이었다. 전기 부족이 걱정인지 아니면 남아서 문제인지 코끼리 뒷다리 만지는 기분이었다. 세간에 가짜 뉴스가 횡행하기는 하지만 그 뉴스는 주요 일간지의 뉴스였고, 아무런 근거 없이 내보낼 리는 없다고 생각했다. 그래서 그 뉴스의 근거로 전문가가 제시한 내용을 살폈는데, 제안된 모델이 단 하나뿐이었다. 전력 수요 예측을 위해 제안된 최적의 모델이 단 하나라는 데 놀람을 금치 못했다. 부채 도사도 아니고, 모든 예측은 정확하기 어려우므로 위험을 줄이기 위해서라도 여러 모델을 제시했어야 한다고 생각한다. 부실한 근거에 기대어 과감한 예측을 보도한 그 뉴스는 전방위적인 인프라 투자에 있어 일관성 있는 설명력이 현저히 떨어져 보였다. 그런데 실제로는 전력이 부족한 건가, 아니면 부족할 건가? 궁금증이 드는 부분이다.

수년 전에 블록체인이라는 신기술로 IT 업계가 들썩거린 적이 있다. 차세대 컴퓨터도 이 기술로 만들어진 보안을 침범할 수 없을 것이라고 했다. 그러면서 이 기술을 어디에 적용하면 좋을지, 이 기술로 돈을 벌 수 있을지 등의 논의가 활발히 공론화되었다. 몇 년이 지난 지금에 와서는 개인 정보를 활용하는 부분에 마이데이터 사업이 시작되고 있고, 거기에 블록체인 기술이 사용될 수 있다. 그러나 IT에 관심이 없는 일반인들은 블록체인을 각종 암호 화폐로만 이해하고 있을 것이다.

주식 투자와 부동산 투자를 넘어 이제는 24시간 오르내리는 암호 화폐에 투자해 마음고생을 하고 있는 사람이 부지기수다. 암호 화폐는 지하 경제의 거래 수단으로, 납치범의 몸값과 해킹 후의 복구 비용은 거의 암호 화폐로 이루어진다. 암호 화폐가 활성화되자 범죄로 벌어들인 그것의 가치가 올라간 것은 물론이고 그에 따라 사용 가능처도 무한대로 확장되었다. 대부분의 선량한 시민들은 본인이 지하 경제 활성화에 투자하고 있다는 걸 모를 것이다. 이것은 신기술의 부작용인가? 아니면 신기술의 발전에 따른 어쩔 수 없이 치러야 하는 사회적 비용인가?

| 출처 필 나이트 저/안세민 역 | 사회
평론 | 2016

기술의 발달이라고 해서 반드시 4차 산업혁명과 연결고리를 찾을 필요는 없다. 성공한 기업가는 평생 동안 새로운 기술과 아이디어에 운명을 걸어왔다. 나이키 창업자인 필 나이트는 그의 자서전 『슈독』에서 나이키를 세우고 발전시키는 드라마 같은 이야기를 들려준다. 일본의 아식스와 독일의 아디다스에 맞서는 품질의 신발을 만드는 과정에서 그는 와플 기계에서 아이디어를 얻기도 하고 신발 밑창에 공기주머니를 달자는 미친 아이디어를 수용하기도 했다. 기업이 성장하는 과정에서 아식스에게 소송을 당하기도 하고, 현금 흐름 부족으로 은행에서 지급 거절로 부도 위기에 처한 때도 있었다. 필은 그때마다 진실을 무기로 정공법을 택해 전 세계에서 나이키 매장을 운영하는 세계적인 경영인의 반열에 올랐다. 회계 부정으로 거대한 회사를 하루아침에 망하게 하는 일들이 허다한 세상에 이런 기업인이 있다는 것은 미국의 다양성을 보여주는 것이기도 하지만, 기업인의 철학이 세상에 미치는 영향이 지대하다는 방증이기도 하다. 약간의 과장으로 세계인의 발과 지구 사이에는 나이키가 있다는 생각이 절로 든다.

기술은 기반 기술의 이론에서 시작해 세상을 이롭게 하는 데 쓰이며 발전한다. 순수한 목적은 그러하나, 상용화 과정에서 살상 목적을 가지는 무기로 변질되거나 사회를 혼란에 빠뜨리는 기술이 되기도 한다.

"기초로 돌아가자."라는 구호는 처음의 좋은 의도를 잊지 말자는 뜻이기도 하다. 기업에서는 영업사원이 밀어내기 등의 편법으로 목표를 달성해 단기간에 승진을 할 수도 있지만, 그런 행위가 문제가 된다면 회사 전체를 위험에 빠뜨리게 된다. 영업사원 기초 교육에서 배운 대로 하지 않았기 때문이다.

신기술을 이용해 고객을 관리하고 그 과정에서 고객의 성공을 위하는 마음이 전달된다면 다소 늦게 가더라도 '윈윈'할 것이다. 그러나 지금은 신기술을 이용해 진실을 나타내는 것보다 감추는 것이 더 수월한 세상이다. 잘못된 영업의 관행처럼 나중에 더 큰 문제를 야기하기 전에 초심을 되돌아보는 것이 절실한 때이다.

아시아경제

[톺아보기] 기술의 발달을 관통하는 진실성

입력 2021.08.11. 오후 12:42 수정 2021.08.12. 오전 9:51

😀 6

행동 경제학에 따르면 대부분의 사람들은 의사결정이나 선택을 할 때 항상 최고의 결정을 하는 것은 아니라고 한다. 심지어 똑똑하다는 사람마저 비이성적 선택을 거듭한다고 하는데, 이것은 잘못이 아니라 현실인 것이다. 빅데이터적 접근 방법은 이러한 의사결정을 하는 대중의 의견을 데이터로 모으고 분석한다. 그러다 보니 빅데이터 접근이 최고의 결정을 피해 가는 데 도움을 준다는 우스갯소리도 있다. 인공지능도 크게 다르지 않다. 현재까지의 현상에 기반을 둔 인공지능(AI) 역시 크게 다르지 않다. 즉 사람들이 집단으로 잘못된 결정을 했다면 AI는 위험하게도 그것을 하나의 사실로 받아들일 것이다.

댓글 ⌄

Ar****
어떤 글을 본 적이 있습니다. 중고차 거래에서 충분한 시간을 준 고객군과 상대적으로 짧은 시간을 준 고객군 중 누가 더 좋은 중고차를 선택하는지 분석하는 글이었는데, 결론적으로는 충분한 시간을 준 군이 더 좋은 차를 선택하지 못했습니다. 더 많은 시간을 주면 더 많은 데이터를 수집할 수 있다고 하지만 실제로는 쓸모없는 데이터(컵 홀더 개수, 선글라스 수납 여부 등)에 시간을 낭비했다는 결론입니다. 글에서처럼 꼭 많은 데이터가 중요하지 않을 수도 있는 것 같습니다. 핵심 데이터를 뽑아내는 능력이 중요하다는 생각이 듭니다.

JH*****
'마음을 전달하는 것'이 가장 정확하고 빠른 길임에 동의합니다.

참고 도서

『삐딱하게 바라본 4차 산업혁명』 김동철 저 | 영진닷컴 | 2019

『HUMAN + MACHINE 휴먼 + 머신』 폴 도허티, 제임스 윌슨 저 |
Harvard Business Review Press | 2019

『4차 산업혁명, 일과 경영을 바꾸다』 4차 산업혁명과 HR의 미래 연구회, 신동엽 외 6명 저 |
삼성경제연구소 | 2018

『디지털 헬스케어』 최윤섭 저 | 클라우드나인 | 2020

『괴짜심리학』 리처드 와이즈먼 저/한창호 역 | 웅진지식하우스 | 2008

『빅데이터 삐딱하게 보기』 김동철 저 | 데이타솔루션 | 2015

『마틴 셀리그만의 낙관성 학습』 마틴 셀리그만 저/우문식, 최호영 역 | 물푸레 | 2012

『냉정한 이타주의자』 윌리엄 맥어스킬 저/전미영 역 | 부키 | 2017

『팩트풀니스』 한스 로슬링, 올라 로슬링, 안나 로슬링 뢴룬드 저/이창신 역 | 김영사 | 2019

『노동의 종말』 제러미 리프킨 저/이영호 역 | 민음사 | 2005

『날씨 때문에 속상하시죠』 김동완, 김우탁 저 | 좋은벗 | 1998

『넛지』 리처드 탈러, 캐스 R. 선스타인 저/안진환 역/최정규 감수 | 리더스북 | 2018

『룬샷』 사피 바칼 저/이지연 역 | 흐름출판 | 2020

『운동화 신은 뇌』 존 레이티,에릭 헤이거먼 저/이상헌 역 | 녹색지팡이 | 2009

『환경 재난과 인류의 생존 전략』 박석순 저 | 어문학사 | 2020

『배움의 발견』 타라 웨스트오버 저/김희정 역 | 열린책들 | 2020

『무엇이 이 나라 학생들을 똑똑하게 만드는가』 아만다 리플리 저/김희정 역 | 부키 | 2014

『홀라크라시』 브라이언 J. 로버트슨 저/홍승현 역/김도현 감수 | 흐름출판 | 2017

『리드 앤 디스럽트』 찰스 오라일리, 마이클 투시먼 저/조미라 역 | 처음북스 | 2020

『디커플링』 탈레스 S. 테이셰이라 저/김인수 역 | 인플루엔셜 | 2019

『슈독』 필 나이트 저/안세민 역 | 사회평론 | 2016

찾아보기

뉴스를 전합니다
빅데이터와 인공지능

1판 1쇄 발행 2021년 11월 5일
1판 3쇄 발행 2022년 4월 10일

저   자 | 김동철
발 행 인 | 김길수
발 행 처 | (주)영진닷컴
주   소 | (우)08507 서울특별시 금천구 가산디지털1로 128
　　　　　 STX-V타워 4층 401호
등   록 | 2007. 4. 27. 제16-4189호

©2021., 2022. (주)영진닷컴

ISBN | 978-89-314-6583-9

YoungJin.com **Y.**
영진닷컴

'그림으로 배우는' **시리즈**

"그림으로 배우는" 시리즈는 다양한 그림과 자세한 설명으로
쉽게 배울 수 있는 IT 입문서 시리즈 입니다.

그림으로 배우는
C#

다카하시 마나 저
496쪽 | 정가 18,000

그림으로 배우는
파이썬

다카하시 마나 저
480쪽 | 18,000원

그림으로 배우는
C 프로그래밍
2nd Edition

다카하시 마나 저
504쪽 | 18,000원

그림으로 배우는
양자 컴퓨터

미나토 유이치로 저
192쪽 | 정가 18,000

그림으로 배우는
프로그래밍 구조

마스이 토시카츠 저
240쪽 | 정가 16,000

그림으로 배우는
SQL 입문

사카시타 유리 저
352쪽 | 18,000원

그림으로 배우는
C++ 프로그래밍
2nd Edition

Mana Takahashi 저
592쪽 | 18,000원

그림으로 배우는
서버 구조

니시무라 아스히로 저
240쪽 | 16,000원

그림으로 배우는
클라우드 2nd Edition

하야시 마사유키 저
192쪽 | 16,000원

그림으로 배우는
보안 구조

마스이 토시카츠 저
208쪽 | 16,000원

그림으로 배우는
네트워크 원리

Gene 저
224쪽 | 16,000원

그림으로 배우는
데이터 과학

히사노 료헤이, 키와키 타이치 저
240쪽 | 16,000원